*mon premier*

# Bescherelle
## anglais

**Wilfrid Rotgé**
Agrégé d'anglais

Illustré par
Marie-Hélène Tran-Duc, Daniel Blancou, Patrick Morize, Laurent Kling

HATIER

# Sommaire

# La phonétique de l'anglais

## • Voyelles brèves

[ɪ] de big [bɪg]
>son entre le [i] de mie et le [e] de blé, mais plus proche du [e].

[e] de bed [bed]
>son assez proche du [ɛ] de laide.

[æ] de hat [hæt]
>son assez proche du [a] de patte.

[ɒ] de sock [sɒk]
>pour réaliser ce son, il faut ouvrir la bouche comme pour le [ɑ] long de pâte, mais prononcer un o ouvert [ɔ].

[ʊ] de good [gʊd]
>son plus bref que le [u] français de route ; les lèvres sont très peu arrondies et bougent à peine.

[ʌ] de duck [dʌk]
>à mi-chemin entre le [a] de patte et le [ɑ] de pâte.

[ə] de an [ən]
>proche du [ə] de petit.

## • Voyelles longues

[i:] de sea [si:]
>ce son correspond à un [i] long.

[ɑ:] de car [kɑ:]
>c'est le a du docteur ! La bouche est largement ouverte et la langue abaissée.

[ɔ:] de port [pɔ:t]
>correspond à un [o] long, comme dans eau.

[u:] de two [tu:]
>ce son ressemble au son [u] de route, mais il est plus long et les lèvres doivent être arrondies pour le prononcer.

[ɜ:] de bird [bɜ:d]
>ce son est proche du [ə] mais il est long.

## • Diphtongues

[eɪ] de mail [meɪl]
>on part du son [e] et on va rapidement vers le son [ɪ] ; un peu comme eil dans soleil.

[aɪ] de night [naɪt]
>on part du son [a] et on va rapidement vers le son [ɪ] ; un peu comme dans le mot français ail.

[ɔɪ] de boy [bɔɪ]
>on part du son [ɔ] et on va rapidement vers le son [ɪ] ; un peu comme dans oy de coyotte.

[əʊ] de coat [kəʊt]
>on part du son [ə] et on va rapidement vers le son [ʊ].

[aʊ] de now [naʊ]
>on part du son [a] et on va rapidement vers le son [ʊ] ; un peu comme aou dans Raoul mais plus rapide.

[ɪə] de here [hɪə]
>on part du son [ɪ] et on va rapidement vers le son [ə].

[eə] de rare [reə]
>on part du son [e] et on va rapidement vers le son [ə].

## • Consonnes

[θ] de thing [θɪŋ]
>comme un [s] mais avec la langue bien visible entre les dents.

[ð] de this [ðɪs]
>comme un [z] mais avec la langue bien visible entre les dents.

[d] de dog [dɒg]
>proche du [d] français mais la langue bien en arrière (pas contre les dents comme en français).

[t] de tea [ti:]
>proche du [t] français mais la langue bien en arrière (pas contre les dents comme en français).

[h] de hot [hɒt]
>h se prononce en anglais : de l'air doit sortir de la bouche !

[ʃ] de shop [ʃɒp]
>se prononce comme le ch de chanter.

[ʒ] de garage [gəˈrɑ:ʒ]
>se prononce comme le j de juste ou le g de gens.

[ŋ] de king [kɪŋ]
>se prononce comme le ng de parking.

[j] de yes [jes]
>se prononce comme le y de yaourt.

[r] de red [red]
>très différent du r français : un peu comme le [l] de bal, mais la langue est abaissée et ne touche pas le palais.

[w] de William [wɪljəm]
>comme le w de William ou de whisky.

Les sons [b], [f], [l], [m], [n], [s], [v] et [z] se prononcent comme en français. Les sons [k] et [p] sont proches du français.

Dans un mot de plus de deux syllabes, **une seule syllabe** est fortement accentuée. En phonétique, cette syllabe accentuée est indiquée à l'aide d'un petit trait placé avant cette syllabe. Ainsi dans *cotton* [ˈkɒtən] c'est la première syllabe *cott-* [kɒt] qui est accentuée. Dans *insist* [ɪnˈsɪst] c'est la deuxième syllabe qui est accentuée.

# Expressions orales

Dans ce chapitre, tu trouveras des petites phrases faciles à apprendre, pour te débrouiller rapidement dans la vie quotidienne.

## Je dis bonjour/au revoir

Bonjour ! (le matin)

Au revoir. Bonne journée !

Bonsoir !

Bonne nuit ! Dors bien.

**On peut aussi dire :**

Hello! *Bonjour ! Salut ! (à tout moment de la journée)*
Hi! *Bonjour ! Salut ! (à tout moment de la journée)*
Good afternoon! *Bonjour ! (l'après-midi)*

See you! *À bientôt !*
See you tomorrow! *À demain !*
See you on Sunday! *À dimanche !*

## Je me présente

Bonjour, je m'appelle Jane.

Et moi, je m'appelle Peter. Voici Andy.

## L'endroit où j'habite

→ Va voir page 33 (les noms de pays).

J'habite à Londres.
Je suis anglais.

J'habite au Québec.
Je suis canadien.

**On peut aussi dire :**

I come from Africa, Belgium, France, Quebec, Switzerland.
*Je viens d'Afrique, de Belgique, de France, du Québec, de Suisse.*
I'm Algerian, Belgian, French, Moroccan, Swiss, Tunisian.
*Je suis algérien, belge, français, marocain, suisse, tunisien.*

## Mon âge

→ Va voir page 62 (les nombres).

*Quel âge as-tu ?*          *J'ai sept ans. Et toi ?*          *Tu es jeune ! J'ai neuf ans et demi.*

On peut aussi dire :

I was born ten years ago. *Je suis né/née il y a dix ans.*     I was born in Africa. *Je suis né/née en Afrique.*

## Ma famille

→ Va voir page 103 (le verbe avoir) et page 39 (la famille).

*J'ai un frère et deux sœurs.*     *Et toi, as-tu des frères et sœurs ?*          *J'ai une sœur.*

On peut ajouter got après have sans changer le sens :

I have got one brother and two sisters. *J'ai un frère et deux sœurs.*
He has got three cousins. *Il a trois cousins.*
We have got ten cats. *Nous avons dix chats.*

## Je prends de tes nouvelles

*Comment ça va ?*          *Très bien, merci.*          *Tu vas bien ?*          *Je ne vais pas bien. Je suis fatigué.*

On peut aussi dire : I'm fine. *Je vais bien.* I'm OK. *Ça va.*

## Je rencontre une nouvelle personne

What's your name?

Quel est ton nom ?

Where do you live?

Où habites-tu ?

Where do you come from?

D'où viens-tu ?

Do you like football?

Aimes-tu le football ?

On peut aussi dire :
What's your job? *Quel est ton métier ?*

→ Va voir page 51 (les métiers).

What's the matter? *Qu'est-ce qui ne va pas ?*
Where are you going? *Où vas-tu ?*
When were you born? *Quand es-tu né/née ?*

→ Va voir page 6 (Je me présente et L'endroit où j'habite).

## J'achète quelque chose

→ Va voir page 62 (les nombres).

Three cakes, please. How much is it?

It's ten dollars.

Trois gâteaux, s'il vous plaît.
Combien ça coûte ?

Ça fait 10 dollars.

It's expensive! I'll take only one.

C'est cher !
Je vais en prendre
juste un seul.

Thank you.

You're welcome.

Merci.
Je t'en prie.

On peut aussi dire :
Thanks. *Merci.*
Thank you very much. *Merci beaucoup.*

Attention !

How much + nom au singulier
ou How many + nom au pluriel.
How much money? *Combien d'argent ?*
How many toys? *Combien de jouets ?*

# Je demande mon chemin

*Excusez-moi, monsieur. Pourriez-vous m'aider ?*

*Oui, bien sûr !*

*Je cherche le cinéma.*

*Tournez à gauche, puis tournez à droite et vous le trouverez !*

# Je commande dans un restaurant

→ Va voir page 43 (la nourriture).

*Pouvons-nous commander, s'il vous plaît ? Oui, bien sûr !*

*Je vais prendre un hamburger et des frites, s'il vous plaît.*

*Et je voudrais aussi une salade et une glace.*

*Pouvons-nous avoir l'addition, s'il vous plaît ?*

# Je mets la table

→ Va voir page 58 (les repas) et page 99 (le présent simple).

*Tous les jours, je mets la table pour le petit déjeuner.*

*Je mets un couteau, une fourchette et une cuillère à côté de mon assiette.*

*Ensuite, je mets un verre et une tasse.*

*Ensuite je mange avec ma famille !*

## J'aime quelqu'un

*Bienvenue !*

*Je t'aime !*

*Je t'aime aussi.*

*Tu es si gentille.*

On peut aussi dire :

I miss you. *Tu me manques.*

## Je donne mon opinion

*J'aime ce tableau.*     *Bien sûr. Il est très beau.*     *Je suis d'accord avec toi.*     *Ça m'est égal.*
*Et toi, John ?*

On peut aussi dire :

I don't agree. / I disagree. *Je ne suis pas d'accord.*

In my opinion... *À mon avis...*

I think that... *Je pense que...*

I don't understand. *Je ne comprends pas.*

I don't know. *Je ne sais pas.*

That's right. *C'est juste.*

That's wrong. *C'est faux.*

I'm always right! *J'ai toujours raison !*

## Je dis ce que j'éprouve

Je suis heureuse.
C'est merveilleux !

Je suis triste.
Quel dommage !

Je suis de bonne humeur.

Et moi, je suis de mauvaise humeur. J'ai faim et soif.

## J'aime – Je n'aime pas

J'aime le sport.       J'adore le tennis.

Je n'aime pas
cette chemise.

Je déteste le soleil.

J'aimerais partir.

# Je donne l'heure

Quelle heure est-il ?
Il est dix heures.

Et maintenant,
quelle heure est-il ?
Il est dix heures et demie.

Et maintenant ?
Il est midi.

Je suis en retard !

**On dit :**
It's ten **ou** It's ten o'clock. *Il est dix heures.*

one o'clock

*1 heure*

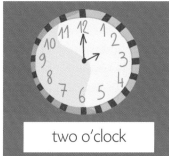

two o'clock

*2 heures*

three o'clock

*3 heures*

five o'clock

*5 heures*

a quarter to six

*six heures moins le quart*

twelve o'clock
noon/midnight

*12 heures
midi/minuit*

half past eight
eight thirty

*huit heures et demie
huit heures trente*

a quarter past nine

*neuf heures et quart*

**On peut aussi dire :**
At 5 a.m. ([eɪ em]) *à cinq heures du matin*
ou at 5 p.m. ([piː em]) *à cinq heures de l'après-midi.*

a.m. et p.m. sont les initiales des mots latins *ante meridiem*
*(avant midi)* et *post meridiem (après midi).*

→ Va voir page 62 (les nombres).

# Je pose des questions sur le temps

Quel est le jour de ton
anniversaire ?
*C'est aujourd'hui.*

*Quand viens-tu ?
Demain.*

*Quel jour sommes-nous ?
Nous sommes vendredi.*

*La fête est samedi !*

# Je parle du temps qui passe

→ Va voir page 34 (les jours) et page 59 (les mois).

*Aujourd'hui, je vais à l'école.*

*Demain, je vais aussi à l'école !*

*Mais hier, tu étais à la maison.*

## On peut aussi dire :

tonight *ce soir*          in four days *dans quatre jours*          next week *la semaine prochaine*
soon *bientôt*             last week *la semaine dernière*           next year *l'année prochaine*

# La météo

*Quel temps fait-il ?*                *Il pleut.*

*Il fait très beau aujourd'hui.*          *La température monte.*

## On peut aussi dire :

It's snowing. *Il neige.*
It's sunny. *Il y a du soleil.*

It's cold. *Il fait froid.*
It's warm. *Il fait chaud.*
It's hot. *Il fait très chaud.*

There's a storm. *Il y a une tempête.*
There's a thunderstorm. *Il y a un orage.*

# Je cherche quelque chose ou quelqu'un

*Où est mon sac ?*
*Il est dans la voiture.*

*Où est-elle ?*
*Elle est ici.*

*Où est-il ?*
*Il est là-bas.*

**On peut aussi dire :**

The bag is on the table. *Le sac est sur la table.*
It's under your bed. *Il est sous ton lit.*

It's next to you. *Il est à côté de toi.*
It's on the right. *Il est à droite.*
It's on the left. *Il est à gauche.*

# Je demande la permission de...

*Est-ce que je peux sortir,*
*maman ?*

*Oui.*

*Est-ce que je peux avoir*
*de l'argent ?*

*Désolée, mais non.*

**On peut aussi dire :**

May I go out? *Puis-je sortir ?*

Am I allowed to stay? *Ai-je le droit de rester ?*
Can you repeat, please? *Pouvez-vous répéter, s'il vous plaît ?*

## Je te souhaite...

Joyeux Noël !

Bonne année !

Joyeuses Pâques !

Joyeux anniversaire !

Bonne chance !

**On peut aussi dire :**

I wish you a Merry Christmas. *Je te souhaite un joyeux Noël.*   I wish you a Happy New Year. *Je te souhaite une bonne année.*

## J'encourage, je félicite

Génial ! Super !

Félicitations ! Bravo !

## Je demande à qui appartient quelque chose

À qui est cette voiture ?   C'est la mienne.
Non, c'est celle de Susan.

## J'écris à quelqu'un

Mon chéri ou Ma chérie...
Bises, Maman

Cher John, ...
Bien à toi, Susan

Cher Monsieur Smith,

Chère Madame,
Cher Monsieur

# Vocabulaire

Dans ce chapitre, les mots sont classés par ordre alphabétique, comme dans un dictionnaire.

À la fin du dictionnaire, tu trouveras une liste de petits mots indispensables à connaître.

# A a

## an accident
*un accident*

It's not a serious accident.
*Ce n'est pas un accident grave.*

## an actor
*un acteur*

## an actress
*une actrice*

Who is your favourite actress?
*Qui est ton actrice préférée ?*

## add
*ajouter*

Add your name to the list.
*Ajoute ton nom à la liste.*

## admire
*admirer*

I admire all sportsmen.
*J'admire tous les sportifs.*

## be afraid
*avoir peur*

I'm never afraid.
*Je n'ai jamais peur.*

Adjectif : frightened (*effrayé*)

## an afternoon
*un après-midi*

Are you at home this afternoon?
*Es-tu à la maison cet après-midi ?*

## age
*l'âge*

What is your age?
*Quel âge as-tu ?*

## agree
*être d'accord*

I agree with you.
*Je suis d'accord avec toi.*

## an alarm clock
*un réveil*

The alarm clock goes off at seven o'clock.
*Le réveil sonne à sept heures.*

→ Va voir page 12 (Je donne l'heure).

accident ['æksɪdənt] • actor ['æktə] • actress ['æktrəs] • add [æd] • admire [əd'maɪə] • be afraid [ə'freɪd] • afternoon [ɑːftə'nuːn] • age [eɪdʒ] • agree [ə'griː] • alarm clock [ə'lɑːm klɒk]

## alive
### *en vie*

They are alive!
*Ils sont en vie !*

**Opposé :** dead *(mort/e)*

## an animal
### *un animal*

Animals prefer nature.
*Les animaux préfèrent la nature.*

→ Va voir page 20.

## allow
### *autoriser*

This is not allowed!
*Ce n'est pas autorisé !*

## answer
### *répondre*

Can you answer my question?
*Peux-tu répondre à ma question ?*

**Nom :** an answer *(une réponse)*

## the alphabet
### *l'alphabet*

The alphabet starts with the letter A.
*L'alphabet commence avec la lettre A.*

## an apartment [US] / a flat [GB]
### *un appartement*

I live in this apartment.
*J'habite dans cet appartement.*

## an ambulance
### *une ambulance*

Call an ambulance!
*Appelez une ambulance !*

## arrest
### *arrêter*

The police arrested the gangsters quickly.
*La police a arrêté les gangsters rapidement.*

## angry
### *en colère*

Don't be angry.
*Ne sois pas en colère.*

**Nom :** anger *(la colère)*

## arrive
### *arriver*

The train arrives in five minutes.
*Le train arrive dans cinq minutes.*

---

alive [əˈlaɪv] • allow [əˈlaʊ] • alphabet [ˈælfəbet] • ambulance [ˈæmbjələns] • angry [ˈæŋgri] • animal [ˈænɪməl] • answer [ˈɑːnsə] • apartment [əˈpɑːtmənt] • arrest [əˈrest] • arrive [əˈraɪv]

A B C D E F G H I J K L M N O P Q R S T U V W X Y Z

# animals *les animaux*

chicken
*poulet*

penguin
*pingouin*

cat
*chat*

fox
*renard*

bird
*oiseau*

hen
*poule*

mosquito
*moustique*

butterfly
*papillon*

wolf (wolves)
*loup (s)*

dog
*chien*

lion
*lion*

dolphin
*dauphin*

zebra
*zèbre*

camel
*chameau*

parrot
*perroquet*

bull
*taureau*

monkey
*singe*

cow
*vache*

eagle
*aigle*

bear
*ours*

rabbit
*lapin*

tiger
*tigre*

turkey
*dinde*

pig
*cochon*

elephant
*éléphant*

rat
*rat*

goat
*chèvre*

mouse (mice)
*souris*

giraffe
*girafe*

fly
*mouche*

crocodile
*crocodile*

sheep
*mouton*

duck
*canard*

frog
*grenouille*

goose (geese)
*oie (s)*

kangaroo
*kangourou*

horse
*cheval*

donkey
*âne*

bear [beə]　bird [bɜːd]　butterfly ['bʌtəflaɪ]　camel ['kæməl]　cat [kæt]　chicken ['tʃɪkən]　cow [kaʊ]　crocodile ['krɒkədaɪl]　dog [dɒg]　dolphin ['dɒlfɪn]　duck [dʌk]　donkey ['dɒŋki]
eagle ['iːgəl]　elephant ['elɪfənt]　fly [flaɪ]　fox [fɒks]　frog [frɒg]　giraffe [dʒəˈrɑːf]　goat [gəʊt]　goose [guːs]　geese [giːs]　hen [hen]　horse [hɔːs]　kangaroo [kæŋgəˈruː]
lion ['laɪən]　monkey ['mʌŋki]　mouse [maʊs]　mice [maɪs]　mosquito [məˈskiːtəʊ]　bull [bʌll]　parrot ['pærət]　penguin ['peŋgwɪn]　pig [pɪg]　rabbit ['ræbɪt]
rat [ræt]　sheep [ʃiːp]　tiger ['taɪgə]　turkey ['tɜːki]　wolf [wʊlf]　wolves [wʊlvz]　zebra ['ziːbrə]

## an artist
### un/e artiste
I want to be an artist.
*Je veux être un artiste.*

## ask
### demander
Can I ask you something?
*Je peux te demander quelque chose ?*

## attract
### attirer
These flowers attract butterflies.
*Ces fleurs attirent les papillons.*

## an avenue
### une avenue
I live on a big avenue.
*J'habite dans une grande avenue.*

## awake
### réveillé
Come in! I'm awake.
*Entre ! Je suis réveillée.*

À savoir aussi : wake up
*(se réveiller)*

# B b

## a baby (pluriel : babies)
### un bébé
I'm a baby.
*Je suis un bébé.*

## bad
### mal / mauvais
It's bad for your health.
*C'est mauvais pour ta santé.*

## a bag
### un sac
I have a new bag.
*J'ai un nouveau sac.*

## a bath
### un bain
She is in the bath.
*Elle est dans son bain.*

À savoir aussi : a bathroom
*(une salle de bains)*

artist [ˈɑːtɪst] • ask [ɑːsk] • attract [əˈtrækt] • avenue [ˈævənjuː] • awake [əˈweɪk] • baby [ˈbeɪbi] • bad [bæd] • bag [bæg] • bath [bɑːθ]

## be

*être*

Peter is a boy and Susan is a girl.
*Peter est un garçon et Susan est une fille.*

→ Va voir ce verbe dans la partie Grammaire Conjugaison page 102.

## beat

*battre*

You can't beat me.
*Tu ne peux pas me battre.*

## beautiful

*beau, belle*

You're so beautiful!
*Tu es si belle !*

Nom : beauty *(la beauté)*

## become

*devenir*

We became friends.
*Nous sommes devenus amis.*

## a bed

*un lit*

Go to bed, Cindy!
*Va au lit, Cindy !*

## begin

*commencer*

Who begins? *Qui commence ?*

Nom : a beginner *(un débutant)*
Synonyme : start

## believe

*croire*

Believe me, I'm the best.
*Crois-moi, je suis le meilleur.*

## belong

*appartenir*

This bike belongs to my father.
*Ce vélo appartient à mon père.*

## a birthday

*un anniversaire*

Happy birthday, Caroline!
*Joyeux anniversaire, Caroline !*

À savoir aussi : a birthday cake
*(un gâteau d'anniversaire)*

## a blanket

*une couverture*

Do you need a blanket?
*As-tu besoin d'une couverture ?*

---

be [biː] • beat [biːt] • beautiful [ˈbjuːtəfəl] • become [brˈkʌm] • bed [bed] • begin [brˈgɪn] • believe [brˈliːv] • belong [brˈlɒŋ] • birthday [ˈbɜːθdeɪ] • blanket [ˈblæŋkɪt]

## blind
*aveugle*

Fido's master is blind.
*Le maître de Fido est aveugle.*

## blood
*le sang*

There's blood on my knee!
*Il y a du sang sur mon genou !*

## blow
*souffler*

The wind is blowing.
*Le vent souffle.*

## the body
*le corps*

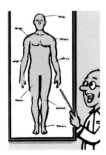

This is the human body.
*Voici le corps humain.*

→ *Va voir page 24.*

## a book
*un livre*

This is my favourite book.
*C'est mon livre préféré.*

**À savoir aussi :** a bookshop
*(une librairie)*

## be bored
*s'ennuyer*

I'm bored.
*Je m'ennuie.*

## boring
*ennuyeux*

This film is boring.
*Ce film est ennuyeux.*

## a bottle
*une bouteille*

I have a full bottle.
*J'ai une bouteille pleine.*

## a box (pluriel : boxes)
*une boîte*

Surprise! It's a box of chocolates!
*Surprise ! C'est une boîte de chocolats !*

## a boy
*un garçon*

I'm a big boy!
*Je suis un grand garçon !*

**À savoir aussi :** a girl
*(une fille)*

blind [blaɪnd] • blood [blʌd] • blow [bləʊ] • body ['bɒdi] • book [bʊk] • bored [bɔːd] • boring ['bɔːrɪŋ] • bottle ['bɒtəl] • box/boxes [bɒks] ['bɒksɪz] • boy [bɔɪ]

# the body *le corps*

nose
*nez*

tongue
*langue*

beard
*barbe*

shoulder
*épaule*

tooth (teeth)
*dent(s)*

knee
*genou*

back
*dos*

arm
*bras*

tummy
*ventre*

hand
*main*

thigh
*cuisse*

thumb
*pouce*

finger
*doigt*

face
*visage*

forehead
*front*

hair
*cheveux*

cheek
*joue*

mouth
*bouche*

lip
*lèvre*

neck
*cou*

chin
*menton*

ankle
*cheville*

elbow
*coude*

chest
*poitrine*

hip
*hanche*

leg
*jambe*

head
*tête*

eye(s)
*œil (yeux)*

tongue
*langue*

ear
*oreille*

foot (feet)
*pied(s)*

ankle [ˈæŋkəl] • arm [ɑːm] • back [bæk] • beard [bɪəd] • cheek [tʃiːk] • chest [tʃest] • chin [tʃin] • ear [ɪə] • elbow [ˈelbəʊ] • eye [aɪ] • face [feɪs] • finger [ˈfiŋɡə] • foot [fʊt] • feet [fiːt] • forehead [ˈfɔːhed] • hair [heə] • hand [hænd] • head [hed] • hip [hɪp] • knee [niː] • leg [leg] • lip [lɪp] • neck [nek] • nose [nəʊz] • mouth [maʊθ] • shoulder [ˈʃəʊldə] • tooth [tuːθ] • teeth [tiːθ] • thigh [θaɪ] • thumb [θʌm] • tongue [tʌŋ] • tummy [ˈtʌmi]

## brave

*courageux*

Be brave!
*Sois courageux !*

## break

*casser*

Oh, the glass is broken!
*Oh, le verre est cassé !*

## a bridge

*un pont*

The car is crossing the bridge.
*La voiture traverse le pont.*

## bring

*apporter*

The dog always brings the ball.
*Le chien apporte toujours la balle.*

## a brush

*une brosse*

Don't forget your toothbrush
and your hairbrush.
*N'oublie pas ta brosse à dents
et ta brosse à cheveux.*

## build

*construire*

I am building my house.
*Je construis ma maison.*

## a building

*un bâtiment / un immeuble*

This building is so high!
*Ce bâtiment est tellement grand !*

→ Va voir le mot town.

## business

*une entreprise / les affaires*

Business is good.
*Les affaires sont bonnes.*

## busy

*occupé*

I'm busy at the moment.
*Je suis occupée en ce moment.*

## buy

*acheter*

I'm buying some sweets.
*J'achète des bonbons.*

À savoir aussi : sell
*(vendre)*

---

brave [breɪv] • break [breɪk] • bridge [brɪdʒ] • bring [brɪŋ] • brush [brʌʃ] • build [bɪld] • building [ˈbɪldɪŋ] • business [ˈbɪznəs] • busy [ˈbɪzi] • buy [baɪ]

# Cc

## call
### appeler / téléphoner

Dinner is ready. Call dad and mum!
*Le dîner est prêt. Appelle papa et maman !*

## calm
### calme

She's a calm child.
*C'est une enfant calme.*

## a camera
### un appareil photo / une caméra

I have a new camera.
*J'ai un nouvel appareil photo.*

## a capital city
### une capitale

London is the capital city
of Great Britain.
*Londres est la capitale
de la Grande-Bretagne.*

## a card
### une carte

I often play cards with my friends.
*Je joue souvent aux cartes avec mes amis.*

→ Va voir le mot game.

## be careful
### faire attention

Be careful!
*Fais attention !*

## carry
### porter

I can't carry you. You're too heavy!
*Je ne peux pas te porter. Tu es trop lourde !*

## a cartoon
### un dessin animé

The Jungle Book is a famous cartoon.
*Le Livre de la jungle est un dessin animé célèbre.*

À savoir aussi : a comic book
*(une bande dessinée)*

## a castle
### un château

Is there a princess in this castle?
*Est-ce qu'il y a une princesse dans ce château ?*

---

call [kɔːl] • calm [kɑːm] • camera ['kæmərə] • capital ['kæpɪtəl] • card [kɑːd] • careful ['keəfəl] • carry ['kæri] • cartoon [kɑːˈtuːn] • castle ['kɑːsəl]

## catch

*attraper*

Who can catch the mouse?
*Qui peut attraper la souris ?*

## celebrate

*fêter / faire la fête*

Let's celebrate!
*Il faut fêter ça !*

## a champion

*un champion*

We are the champions!
*Nous sommes les champions !*

## change

*changer*

I changed the bulb.
*J'ai changé l'ampoule.*

## cheap

*pas cher / bon marché*

The food is cheap here.
*La nourriture n'est pas chère ici.*

**Opposé :** expensive *(cher, chère)*

**À savoir aussi :** buy *(acheter)*

## a child (pluriel : children)

*un enfant*

The children are playing
in the playground.
*Les enfants jouent dans la cour.*

**Synonyme :** a kid

## choose

*choisir*

I choose this one!
*Je choisis celle-ci !*

## Christmas

*Noël*

Merry Christmas!
*Joyeux Noël !*

## a circus

*un cirque*

Let's go to the circus!
*Allons au cirque !*

## a city

*une grande ville*

I live in a city.
*J'habite dans une grande ville.*

**À savoir aussi :** the city center [US] /
the city centre [GB] *(le centre ville)*

---

catch [kætʃ] • celebrate ['seləbreɪt] • champion ['tʃæmpiən] • change [tʃeɪndʒ] • cheap [tʃiːp] • child [tʃaɪld] • children ['tʃɪldrən] • choose [tʃuːz] • christmas ['krɪsməs] • circus ['sɜːkəs] • city ['sɪti]

# a classroom / a class  *une salle de cours / une classe*

À savoir aussi :
a lesson *(une leçon)*

school
*école*

playground
*cour de récréation*

computer
*ordinateur*

screen
*écran*

EAGLE

blackboard
*tableau*

chalk
*craie*

teacher
*professeur*

mouse
*souris*

keyboard
*clavier*

pencil case
*trousse*

ruler
*règle*

pen
*stylo*

glue
*colle*

exercise book
*cahier*

eraser
*gomme*

schoolbag
*cartable*

pupil
*élève*

desk
*bureau*

pencil
*crayon*

HELLO!

blackboard ['blækbɔːd] • chalk [tʃɔːk] • classroom ['klɑːsruːm] • computer [kəm'pjuːtə] • desk [desk] • eraser [ɪ'reɪzə] • exercise ['eksəsaɪz] • glue [gluː] • keyboard ['kiːbɔːd] • lesson ['lesən]
• mouse [maʊs] • pen [pen] • pencil case ['pensəl keɪs] • playground ['pleɪgraʊnd] • pupils ['pjuːpəlz] • ruler ['ruːlə] • school [skuːl] • schoolbag ['skuːlbæg] • screen ['skriːn] • teacher ['tiːtʃə]

## clean
*propre*

Mummy, my hands are clean.
*Maman, mes mains sont propres.*

**Opposé :** dirty *(sale)*

## clever
*malin / intelligent*

Monkeys are clever!
*Les singes sont intelligents !*

**Opposé :** stupid *(stupide)*

## climb
*grimper*

I can climb trees.
*Je sais grimper aux arbres.*

## close
*fermer*

Close the door, please.
*Ferme la porte, s'il te plaît.*

## clothes
*les habits*

I need some new clothes.
*J'ai besoin de nouveaux habits.*

→ Va voir page 31.

## a cloud
*un nuage*

There are big white clouds.
*Il y a de gros nuages blancs.*

→ Va voir page 13 (la météo).

## cold / be cold
*froid / avoir froid*

I'm cold. *J'ai froid.*

**Opposé :** warm *(chaud)* / hot *(très chaud)*

## a color [US] / colour [GB]
*une couleur*

**black:** *noir*
**blue:** *bleu*
**brown:** *brun*
**green:** *vert*
**grey:** *gris*
**orange:** *orange*
**pink:** *rose*
**purple:** *violet*
**red:** *rouge*
**yellow:** *jaune*
**white:** *blanc*

A B C D E F G H I J K L M N O P Q R S T U V W X Y Z

---

clean [kli:n] • clever ['klevə] • climb [klaɪm] • close [kləʊz] • clothes [kləʊðz] • cloud [klaʊd] • cold [kəʊld] • color ['kʌlə] • black [blæk] • blue [blu:] • brown [braʊn] • green [gri:n] • grey [greɪ] • orange, ['ɒrɪndʒ] • pink [pɪŋk] • purple ['pɜːpəl] • red [red] • yellow ['jeləʊ] • white [waɪt]

## come
*venir*

Are you coming with us?
*Viens-tu avec nous ?*

## comfortable
*confortable*

This sofa is very comfortable.
*Ce canapé est très confortable.*

## competition
*la compétition*

Competition is intense.
*La compétition est intense.*

## complain
*se plaindre*

Stop complaining, it's Christmas!
*Arrête de te plaindre, c'est Noël !*

## a concert
*un concert*

Tonight. Concert at 7.
The London orchestra.
*Ce soir. Concert à 7 heures.*
*L'orchestre de Londres.*

→ Va voir aussi le mot music.

## cook
*cuisiner / faire la cuisine*

I love cooking.
*J'adore faire la cuisine.*

## cool
*frais*

The water is cool.
*L'eau est fraîche.*

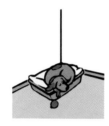

## a corner
*un coin*

He always sleeps in the corner.
*Il dort toujours dans le coin.*

## cost
*coûter*

This book costs $10.
*Ce livre coûte 10 dollars.*

## cotton
*du coton*

It's a cotton shirt.
*C'est une chemise en coton.*

→ Va voir aussi le mot clothes.

come [kʌm] • comfortable [ˈkʌmftəbəl] • competition [kɒmpəˈtɪʃən] • complain [kəmˈpleɪn] • concert [ˈkɒnsət] • cook [kʊk] • cool [kuːl] • corner [ˈkɔːnə] • cost [kɒst] • cotton [ˈkɒtən]

# clothes *les habits*

hat
*chapeau*

boots
*bottes*

dress
*robe*

coat
*manteau*

button
*bouton*

jumper
pullover
sweater
*pull*

skirt
*jupe*

shirt
*chemise*

sweatshirt
*sweat-shirt*

jacket
*veste, blouson*

scarf
*écharpe*

trousers
(toujours pluriel
en anglais)
*pantalon*

raincoat
*imperméable*

belt
*ceinture*

pajamas [US]
pyjamas [GB]
*pyjama*

pocket
*poche*

jeans
*jean*

sneakers
*baskets*

shoe
*chaussure*

heel
*talon*

T-shirt
*tee-shirt*

glove
*gant*

cap
*casquette*

sock
*chaussette*

belt [bɛlt] · boots [buːts] · button [ˈbʌtən] · cap [kæp] · coat [kəʊt] · dress [drɛs] · glove [glʌv] · hat [hæt] · heel [hiːl] · jacket [ˈdʒækɪt] · jeans [dʒiːnz] · jumper [ˈdʒʌmpə] · pocket [ˈpɒkɪt] · pyjamas [pəˈdʒɑːməz] · pullover [ˈpʊləʊvə] · raincoat [ˈreɪnkəʊt] · scarf [skɑːf] · shirt [ʃɜːt] · shoe [ʃuː] · skirt [skɜːt] · sneakers [ˈsniːkəz] · sock [sɒk] · sweater [ˈswetə] · sweatshirt [ˈswetʃɜːt] · trousers [ˈtraʊzəz] · T-shirt [ˈtiːʃɜːt]

A B C D E F G H I J K L M N O P Q R S T U V W X Y Z

## cough
*tousser*

It makes me cough.
*Ça me fait tousser.*

## count
*compter*

Can you count?
*Sais-tu compter ?*

## a country
*un pays*

Which country do you come from?
*De quel pays viens-tu ?*

À savoir aussi : the country *(la campagne)*
→ Va voir page 33.

## crazy
*fou, folle*

You're crazy!
*Tu es fou !*

**Synonyme :** mad
**Opposé :** wise *(sage)*

## cross
*traverser*

I can cross now.
*Je peux traverser maintenant.*

## cry
*pleurer*

Don't cry.
*Ne pleure pas.*

## curly
*bouclé*

She has curly hair.
*Elle a des cheveux bouclés.*

## a curtain
*un rideau*

Can you pull the curtains?
*Peux-tu tirer les rideaux ?*

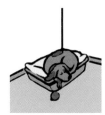

## a cushion
*un coussin*

This is my cushion.
*C'est mon coussin.*

## cut
*couper*

Who wants to cut the bread?
*Qui veut couper le pain ?*

cough [kɒf] • count [kaʊnt] • country ['kʌntri] • crazy ['kreɪzi] • cross [krɒs] • cry [kraɪ] • curly ['kɜːli] • curtain ['kɜːtən] • cushion ['kʊʃən] • cut [kʌt]

32

# a country  *un pays*

À savoir aussi : England (*Angleterre*)

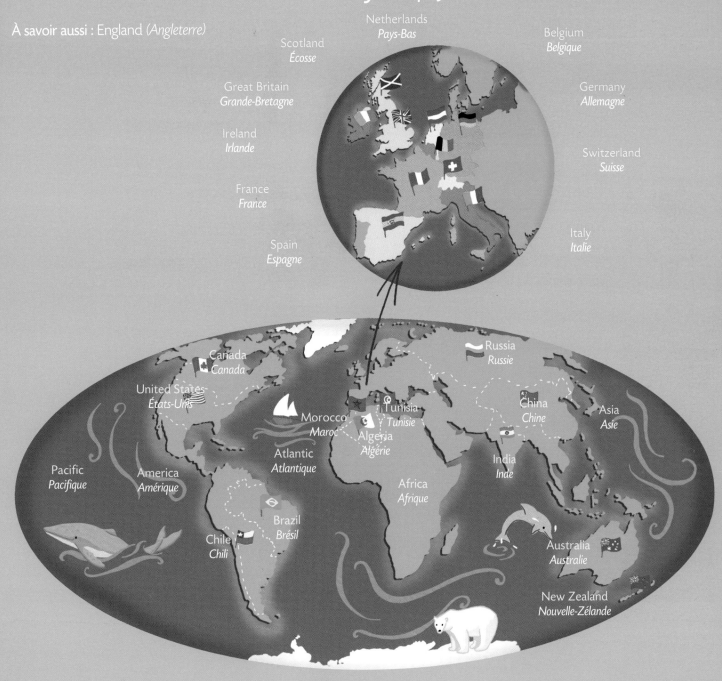

Netherlands
*Pays-Bas*

Scotland
*Écosse*

Belgium
*Belgique*

Great Britain
*Grande-Bretagne*

Germany
*Allemagne*

Ireland
*Irlande*

Switzerland
*Suisse*

France
*France*

Italy
*Italie*

Spain
*Espagne*

Canada
*Canada*

Russia
*Russie*

United States
*États-Unis*

China
*Chine*

Tunisia
*Tunisie*

Asia
*Asie*

Morocco
*Maroc*

Algeria
*Algérie*

Atlantic
*Atlantique*

India
*Inde*

Pacific
*Pacifique*

America
*Amérique*

Africa
*Afrique*

Brazil
*Brésil*

Australia
*Australie*

Chile
*Chili*

New Zealand
*Nouvelle-Zélande*

Africa ['æfrɪkə] • Algeria [æl'dʒɪərɪə] • America [ə'merɪkə] • Asia ['eɪʃə] • Atlantic [ət'læntɪk] • Australia [ɒ'streɪlɪə] • Belgium ['beldʒəm] • Brazil [brə'zɪl] • Canada ['kænədə] • Chile ['tʃɪlɪ] • China ['tʃaɪnə] • England ['ɪŋglənd] • France [frɑːns] • Germany ['dʒɜːmənɪ] • India ['ɪndɪə] • Ireland ['aɪələnd] • Italy ['ɪtəlɪ] • Morocco [mə'rɒkəʊ] • Netherlands ['neðələndz] • New Zealand [nju: 'zi:lənd] • Pacific [pə'sɪfɪk] • Russia ['rʌʃə] • Scotland ['skɒtlənd] • Spain [speɪn] • Switzerland ['swɪtsələnd] • Tunisia [tju'nɪzɪə] • United States [ju'naɪtɪd steɪts]

A B C D E F G H I J K L M N O P Q R S T U V W X Y Z

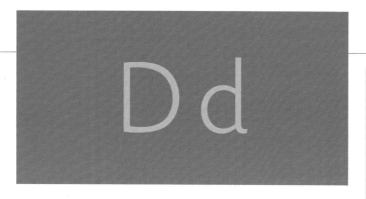

# D d

## dance
*danser*

Sophie is dancing.
*Sophie danse.*

## dangerous
*dangereux*

This road is very dangerous.
*Cette route est très dangereuse.*

**Nom** : danger *(le danger)*

## dark
*sombre*

It's already dark.
*Il fait déjà sombre.*

Monday,
Tuesday,
Wednesday,
Thursday,
Friday,
Saturday,
Sunday.

## a day
*un jour*

*Lundi, mardi, mercredi, jeudi, vendredi, samedi, dimanche.*

**Attention !** Les jours prennent toujours une majuscule en anglais.

## decide
*décider*

You decide!
*C'est toi qui décides !*

## deep
*profond*

She's in a deep sleep.
*Elle est dans un sommeil profond.*

## delicious
*délicieux*

This is delicious!
*C'est délicieux !*

**Opposé** : disgusting *(dégoûtant)*

## describe
*décrire*

Describe the painting.
*Décrivez le tableau.*

## a dictionary
*un dictionnaire*

I need this dictionary.
*J'ai besoin de ce dictionnaire.*

dance [dɑːns] • dangerous [ˈdeɪndʒərəs] • dark [dɑːk] • day [deɪ] • decide [dɪˈsaɪd] • deep [diːp] • delicious [dɪˈlɪʃəs] • describe [dɪˈskraɪb] • dictionary [ˈdɪkʃənəri]

## different
### *différent*

We are different.
*Nous sommes différentes.*

## difficult
### *difficile*

It's too difficult!
*C'est trop difficile !*

Opposé : easy *(facile)*

## disappointed
### *déçu*

I'm disappointed.
*Je suis déçu.*

## disgusting
### *dégoûtant*

It's disgusting.
*C'est dégoûtant.*

## disturb
### *déranger*

Do not disturb.
*Ne pas déranger.*

## do
### *faire*

What are you doing?
*Qu'est-ce que vous faites ?*

## downstairs
### *en bas*

He is already downstairs.
*Il est déjà en bas.*

Opposé : upstairs *(en haut)*

## draw
### *tirer / dessiner*

I love drawing. *J'adore dessiner.*

## a dream
### *un rêve*

I had a strange dream last night.
*J'ai fait un rêve bizarre cette nuit.*

Verbe : dream *(rêver)*

## get dressed
### *s'habiller*

Get dressed! You'll be late.
*Habille-toi ! Tu vas être en retard.*

→ Va voir aussi le mot clothes.

---

different ['dɪfrənt] • difficult ['dɪfɪkəlt] • disappointed ['dɪsəpɔɪntɪd] • disgusting [dɪs'gʌstɪŋ] • disturb [dɪ'stɜːb] • do [duː] • downstairs [daʊn'steəz] • draw [drɔː] • dream [driːm] • get dressed [get drest]

## drink
*boire*

What are you drinking?
*Qu'est-ce que tu bois ?*

Nom : a drink *(une boisson)*

## drop
*laisser tomber*

I dropped my ice cream!
*J'ai laissé tomber ma glace !*

## dry
*sec*

My shirt is dry.
*Ma chemise est sèche.*

Opposé : wet *(mouillé)*

# E e

## early
*tôt*

I get up early every morning.
*Je me lève tôt tous les matins.*

Opposé : late *(tard)*

## the Earth
*la Terre*

The Earth is round. *La Terre est ronde.*

## Easter
*Pâques*

Kids gather eggs at Easter.
*Les enfants ramassent des œufs à Pâques.*

## easy
*facile*

It's very easy.
*C'est très facile.*

Opposé : difficult *(difficile)*

drink [drɪŋk] • drop [drɒp] • dry [draɪ] • early ['ɜːli] • earth [ɜːθ] • Easter ['iːstə] • easy ['iːzi]

## eat
*manger*

I'm eating a piece of bread.
*Je mange un morceau de pain.*

## an effort
*un effort*

They made a big effort.
*Ils ont fait un gros effort.*

## an elevator [US] /a lift [GB]
*un ascenseur*

I'm coming. I'm in the elevator.
*J'arrive. Je suis dans l'ascenseur.*

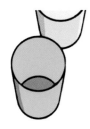

## empty
*vide*

The glass is empty. *Le verre est vide.*

**Opposé :** full (*plein*)

## end
*finir / terminer*

The match ends in five minutes.
*Le match se termine dans cinq minutes.*

**Nom :** the end (*la fin*)
**Synonyme :** finish (*finir*)

## English
*anglais*

Do you speak English?
*Parlez-vous anglais ?*

## enter
*entrer*

Do not enter.
*Ne pas entrer.*

## an evening
*un soir / une soirée*

Have a nice evening!
*Passez une bonne soirée !*

## examine
*examiner*

The doctor wants to examine you.
*Le médecin veut t'examiner.*

## an example
*un exemple*

Follow my example.
*Suis mon exemple.*

À savoir aussi :
for example (*par exemple*)

A B C D E F G H I J K L M N O P Q R S T U V W X Y Z

eat [iːt] • effort [ˈefət] • elevator [ˈelɪveɪtə] • lift [lɪft] • empty [ˈempti] • end [end] • English [ˈɪŋglɪʃ] • enter [ˈentə] • evening [ˈiːvnɪŋ] • examine [ɪgˈzæmɪn] • example [ɪgˈzɑːmpəl]

## excellent
*excellent*

This is excellent!
*C'est excellent !*

## exciting
*passionnant*

This is so exciting!
*C'est tellement passionnant !*

## excuse
*excuser*

Excuse me!
*Excusez-moi !*

## an exercise
*un exercice*

This exercise is very easy.
*Cet exercice est très facile.*

## the exit
*la sortie*

Where's the exit, please?
*Où est la sortie, s'il vous plaît ?*

# F f

## a factory
*une usine*

This factory produces cars.
*Cette usine produit des voitures.*

## fair
*juste*

It's fair!
*C'est juste !*

Opposé : unfair *(injuste)*

## fall
*tomber*

You're going to fall!
*Tu vas tomber !*

## a family
*une famille*

I have a big family.
*J'ai une grande famille.*

→ Va voir page 39.

excellent [ˈeksələnt] • exciting [ɪkˈsaɪtɪŋ] • excuse [ɪkˈskjuːz] • exercise [ˈeksəsaɪz] • exit [ˈeksɪt] • factory [ˈfæktri] • fair [feə] • fall [fɔːl] • family [ˈfæmli]

# a family *une famille*

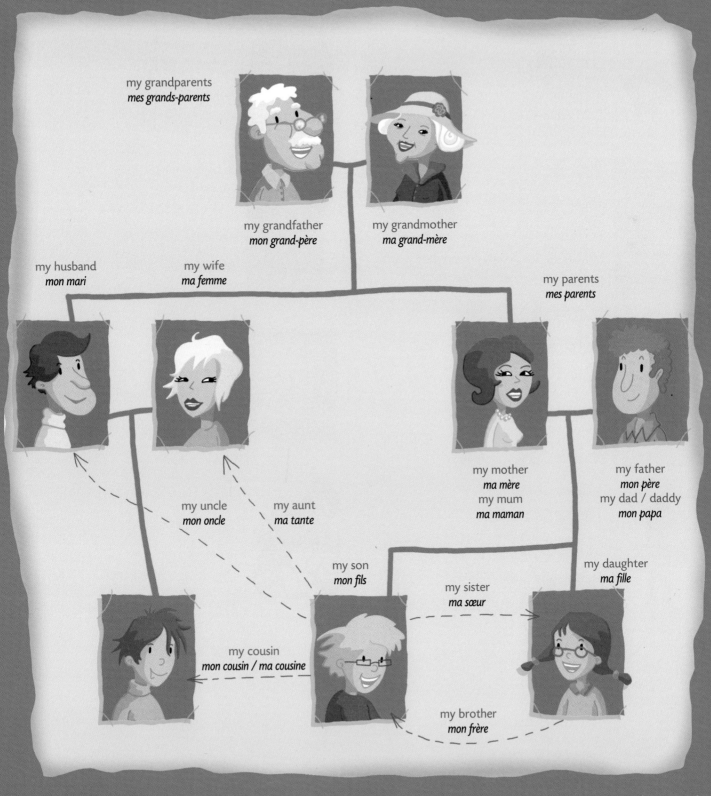

my grandparents
*mes grands-parents*

my grandfather
*mon grand-père*

my grandmother
*ma grand-mère*

my husband
*mon mari*

my wife
*ma femme*

my parents
*mes parents*

my mother
*ma mère*
my mum
*ma maman*

my father
*mon père*
my dad / daddy
*mon papa*

my uncle
*mon oncle*

my aunt
*ma tante*

my son
*mon fils*

my sister
*ma sœur*

my daughter
*ma fille*

my cousin
*mon cousin / ma cousine*

my brother
*mon frère*

aunt [ɑːnt] • brother [ˈbrʌðə] • cousin [ˈkʌzən] • dad [dæd] • daddy [ˈdædi] • daughter [ˈdɔːtə] • father [ˈfɑːðə] • grandfather [ˈɡrændfɑːðə] • grandmother [ˈɡrændmʌðə] • grandparents [ˈɡrændpeərənts] • husband [ˈhʌzbənd] • mother [ˈmʌðə] • mum [mʌm] • parents [ˈpeərənts] • sister [ˈsɪstə] • son [sʌn] • uncle [ˈʌŋkəl] • wife [waɪf]

A B C D E F G H I J K L M N O P Q R S T U V W X Y Z

## fantastic

*fantastique*

It's fantastic!
*C'est fantastique !*

## far

*loin*

Do you live far? No, I live near here.
*Habites-tu loin ? Non, j'habite près d'ici.*

**Opposé** : near *(proche)*

## a farm

*une ferme*

This is my farm.
*Voici ma ferme.*

**Nom** : a farmer *(un fermier)*

## fashion

*la mode*

It's the new fashion.
*C'est la nouvelle mode.*

## fast

*vite*

Not so fast! *Pas si vite !*

**Opposé** : slow *(lent)*
**Synonyme** : quick *(rapide)*

## fat

*gros / gras*

Who's fat? Me?
*Qui est gros ? Moi ?*

## favorite [US] /
## favourite [GB]

*favori / préféré*

It's my favourite toy.
*C'est mon jouet préféré.*

## feel

*sentir*

How are you feeling?
*Comment te sens-tu ?*

## fight

*se battre*

Stop fighting!
*Arrêtez de vous battre !*

**Nom** : a fight *(une bagarre)*

## fill

*remplir*

Fill it with water.
*Remplis-le d'eau.*

fantastic [fæn'tæstɪk] • far [fɑː] • farm [fɑːm] • fashion ['fæʃən] • fast [fɑːst] • fat [fæt] • favorite/favourite ['feɪvrɪt] • feel [fiːl] • fight [faɪt] • fill [fɪl]

40

# final
## dernier / final

I'm reading the final chapter.
*Je suis en train de lire le dernier chapitre.*

# find
## trouver

I can't find my glasses.
*Je ne trouve pas mes lunettes.*

# fine
## beau / fin

What a fine view!
*Quelle belle vue !*

# a fire
## un feu

It's a lovely fire.
*C'est un beau feu.*

À savoir aussi : fireworks
*(un feu d'artifice)*

# a fish (pluriel : fish)
## un poisson

I love fish!
*J'adore le poisson !*

# the floor
## le sol / le plancher

Put it on the floor.
*Mets-le par terre.*

# a flower
## une fleur

rose
*rose*

tulip
*tulip*

daisy
*marguerite*

poppy
*coquelicot*

daffodil
*jonquille*

A B C D E F G H I J K L M N O P Q R S T U V W X Y Z

---

final ['faɪnəl] • find [faɪnd] • fine [faɪn] • fire [faɪə] • fish [fɪʃ] • floor [flɔː] • flower ['flaʊə] • daffodil ['dæfədɪl] • daisy ['deɪzi] • poppy ['pɒpi] • rose [rəʊz] • tulip ['tjuːlɪp]

## fly
### *voler / prendre l'avion*

I can fly!
*Je sais voler !*

## follow
### *suivre*

Follow me!
*Suivez-moi !*

## food
### *la nourriture*

Food is expensive.
*La nourriture est chère.*

→ Va voir page 43.
→ Va voir aussi le mot meal.

## a foreigner
### *un étranger*

He's a foreigner.
*C'est un étranger.*

## a forest
### *une forêt*

Do you like life in the forest?
*Aimes-tu la vie dans la forêt ?*

À savoir aussi : a wood (*un bois*)

## forget
### *oublier*

Don't forget your glasses!
*N'oublie pas tes lunettes !*

## free
### *libre / gratuit*

You're free!
*Tu es libre !*

## French
### *français*

Do you speak French?
*Parlez-vous français ?*

## a friend
### *un ami / une amie*

You're my best friend.
*Tu es mon meilleur ami.*

Adjectif : friendly (*amical*)

## funny
### *drôle*

This is so funny!
*C'est tellement drôle !*

À savoir aussi : for fun (*pour le plaisir*)

---

fly [flaɪ] • follow ['fɒləʊ] • food [fuːd] • foreigner ['fɒrənə] • forest ['fɒrɪst] • forget [fə'get] • free [friː] • French [frentʃ] • friend [frend] • funny ['fʌni]

# food *la nourriture*

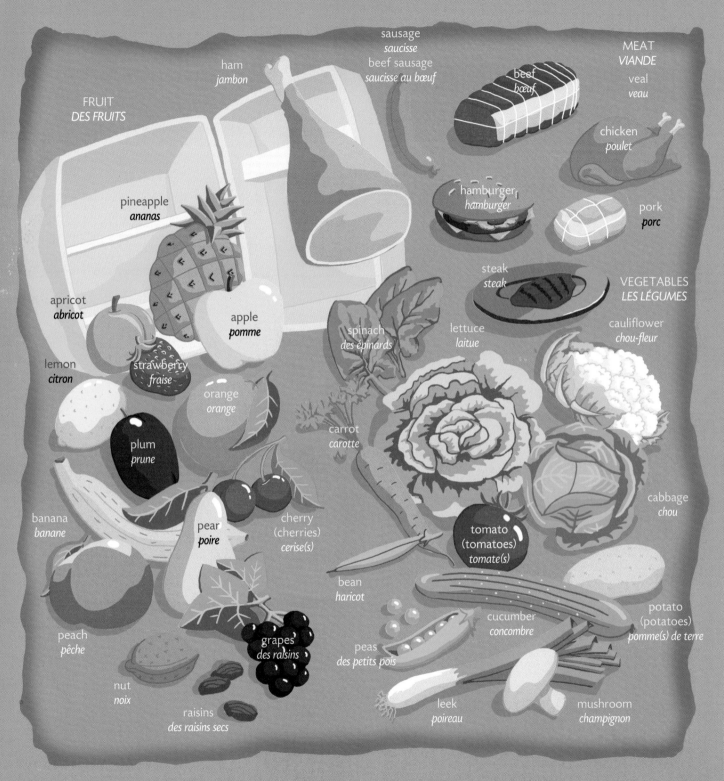

sausage
*saucisse*
beef sausage
*saucisse au bœuf*

ham
*jambon*

MEAT
*VIANDE*
veal
*veau*

FRUIT
*DES FRUITS*

beef
*bœuf*

chicken
*poulet*

pineapple
*ananas*

hamburger
*hamburger*

pork
*porc*

apricot
*abricot*

apple
*pomme*

steak
*steak*

VEGETABLES
*LES LÉGUMES*

spinach
*des épinards*

lettuce
*laitue*

cauliflower
*chou-fleur*

lemon
*citron*

strawberry
*fraise*

orange
*orange*

plum
*prune*

carrot
*carotte*

banana
*banane*

pear
*poire*

cherry
(cherries)
*cerise(s)*

cabbage
*chou*

tomato
(tomatoes)
*tomate(s)*

bean
*haricot*

potato
(potatoes)
*pomme(s) de terre*

peach
*pêche*

grapes
*des raisins*

peas
*des petits pois*

cucumber
*concombre*

nut
*noix*

raisins
*des raisins secs*

leek
*poireau*

mushroom
*champignon*

A B C D E F G H I J K L M N O P Q R S T U V W X Y Z

apple ['æpəl] · apricot ['eɪprɪkɒt] · banana [bə'nɑːnə] · bean [biːn] · beef [biːf] · cabbage ['kæbɪdʒ] · carrot ['kærət] · cauliflower ['kɒliflauə] · cherry ['tʃeri] · chicken ['tʃɪkɪn] · cucumber ['kjuːkʌmbə] · fruit [fruːt] · grapes [greɪps] · ham [hæm] · hamburger ['hæmbɜːgə] · leek [liːk] · lemon ['lemən] · lettuce ['letɪs] · meat [miːt] · mushroom ['mʌʃrum] · nut [nʌt] · orange ['ɒrɪndʒ] · peach [piːtʃ] · pear [peə] · peas [piːz] · pineapple ['paɪnæpəl] · plum [plʌm] · pork [pɔːk] · potato [pə'teɪtəu] · raisins ['reɪzənz] · sausage ['sɒsɪdʒ] · spinach ['spɪnɪdʒ] · steak [steɪk] · strawberry ['strɔːbəri] · tomato [tə'mɑːtəu] · veal [viːl] · vegetable ['vedʒətəbəl]

# G g

## a game
## un jeu

a marble
*une bille*

a kite
*un cerf-volant*

a ball
*un ballon / une balle*

dice
*des dés*

a card
*une carte*

dress up
*se déguiser*

a doll
*une poupée*

a puppet
*une marionnette*

## a garden
## un jardin

You have a nice garden.
*Tu as un beau jardin.*

## get
## obtenir / recevoir

I got a good mark.
*J'ai obtenu une bonne note.*

## get up
## se lever

I always get up early.
*Je me lève toujours tôt.*

## a girl
## une fille

I'm a big girl!
*Je suis une grande fille !*

## give
## donner

Give me your hand.
*Donne-moi la main.*

**Opposé :** take *(prendre)*

---

ball [bɔːl] • card [kɑːd] • dice [daɪs] • doll [dɒl] • dress up [dres ʌp] • game [geɪm] • kite [kaɪt] • marble ['mɑːbəl] • puppet ['pʌpɪt] • garden ['gɑːdən] • get [get] • get up [get ʌp] • girl [gɜːl] • give [gɪv]

## glad
*content*

I'm glad to see you.
*Je suis contente de te voir.*

Synonyme : pleased

## glasses
*des lunettes*

She wears glasses.
*Elle porte des lunettes.*

À savoir aussi :
sunglasses *(des lunettes de soleil)*

## go
*aller / partir*

I must go now.
*Je dois partir maintenant.*

## gold
*l'or*

It's a gold ring!
*C'est une bague en or !*

## good
*bon*

It's a good doughnut!
*C'est un bon beignet !*

## grass
*l'herbe*

Keep off the grass.
*Ne pas marcher sur l'herbe.*

## great
*super / génial*

I love your coat. It's great.
*J'adore ton manteau. Il est super.*

## a group
*un groupe*

The new group of boys has arrived.
*Le nouveau groupe de garçons est arrivé.*

## guess
*deviner*

Guess who it is?
*Devine qui c'est ?*

## a guy
*un gars*

He's a nice guy.
*C'est un gars sympa.*

À savoir aussi :
a girl *(une fille)*
a boy *(un garçon)*

---

glad [glæd] • glasses ['glɑːsɪz] • go [gəʊ] • gold [gəʊld] • good [gʊd] • grass [grɑːs] • great [greɪt] • group [gruːp] • guess [ges] • guy [gaɪ]

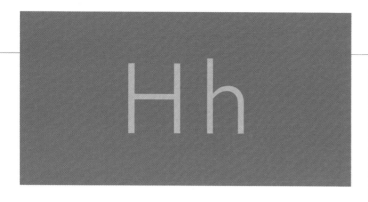

# H h

## half
### moitié

You can have half.
*Tu peux avoir la moitié.*

## happy
### heureux

I'm very happy to see you.
*Je suis très heureux de vous voir.*

**Nom** : happiness *(le bonheur)*
**Opposé** : unhappy *(malheureux)*

## hard
### dur / difficile

This fruit is hard.
*Ce fruit est dur.*

## hate
### détester

I hate cheese.
*Je déteste le fromage.*

## have
### avoir

Do you have brothers and sisters?
*As-tu des frères et sœurs ?*

→ Va voir ce verbe dans la partie Grammaire Conjugaison page 103.

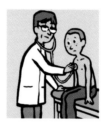

## health
### la santé

You are in good health.
*Tu es en bonne santé.*

## hear
### entendre

I can't hear you!
*Je ne vous entends pas !*

## by heart
### par cœur

Learn it by heart.
*Apprenez-le par cœur.*

## heavy
### lourd

My bag is too heavy.
*Mon sac est trop lourd.*

**Opposé** : light *(léger)*

---

half [hɑːf] • happy [ˈhæpi] • hard [hɑːd] • hate [heɪt] • have [hæv] • health [helθ] • hear [hɪə] • heart [hɑːt] • heavy [ˈhevi]

## help
### *aider*

Can you help me?
*Pouvez-vous m'aider ?*

## a hill
### *une colline*

I live on this hill.
*J'habite sur cette colline.*

## a hobby
### *un hobby / un passe-temps*

Do you have a hobby?
*As-tu un hobby ?*

## hold
### *tenir*

Hold this for a moment.
*Tiens ça un moment.*

## a hole
### *un trou*

This sweater has a big hole.
*Ce pull a un gros trou.*

## holiday
### *les vacances*

We are on holiday!
*On est en vacances !*

## at home
### *chez soi / à la maison*

I'm at home. Me too.
*Je suis à la maison. Moi aussi.*

## homework
### *les devoirs*

I'm doing my homework.
*Je fais mes devoirs.*

## honest
### *honnête*

This man is not very honest.
*Cet homme n'est pas très honnête.*

## hope
### *espérer*

Good news, I hope.
*De bonnes nouvelles, j'espère.*

Nom : hope (*l'espoir*)

---

help [help] • hill [hɪl] • hobby ['hɒbi] • hold [həʊld] • hole [həʊl] • holiday ['hɒlədeɪ] • home [həʊm] • homework ['həʊmwɜːk] • honest ['ɒnɪst] • hope [həʊp]

## horrible
*horrible*

It's horrible!
*C'est horrible !*

## an hour
*une heure*

An hour has 60 (sixty) minutes.
*Une heure a 60 minutes.*

→ Va voir page 12 (Je donne l'heure).

## a house
*une maison*

It's a beautiful house.
*C'est une belle maison.*

→ Va voir page 49.
→ Va voir aussi page 9 (Je mets la table).

## be hungry
*avoir faim*

I'm hungry.
*J'ai faim.*

À savoir aussi :
be thirsty *(avoir soif)*
→ Va voir aussi le verbe be page 102.

## be in a hurry
*être pressé*

I'm in a hurry.
*Je suis pressé.*

## hurt
*faire mal*

Ouch! That hurts!
*Aïe ! Ça fait mal !*

horrible ['hɒrəbəl] • hour ['aʊə] • house [haʊs] • hungry ['hʌŋgri] • hurry ['hʌri] • hurt [hɜːt]

# a house *une maison*

roof *toit*

chimney *cheminée*

attic *grenier*

bedroom *chambre*

wall *mur*

window *fenêtre*

bed *lit*

armchair *fauteuil*

toilets *toilettes*

tap *robinet*

bathroom *salle de bains*

kitchen *cuisine*

gate *portail / barrière*

sitting room *salon*

furniture *meubles*

oven *four*

cupboard *placard*

saucepan *casserole*

door *porte*

sofa *canapé*

fireplace *cheminée*

table *table*

sink *évier*

carpet *tapis*

chair *chaise*

cellar *cave*

A B C D E F G H I J K L M N O P Q R S T U V W X Y Z

armchair ['ɑːmtʃeə] • attic ['ætɪk] • bathroom ['bɑːθruːm] • bed [bed] • bedroom ['bedruːm] • carpet ['kɑːpɪt] • cellar ['selə] • chair [tʃeə] • chimney ['tʃɪmnɪ] • cupboard ['kʌbəd] • door [dɔː] • fireplace ['faɪəpleɪs] • furniture ['fɜːnɪtʃə] • gate [geɪt] • kitchen ['kɪtʃən] • oven ['ʌvən] • roof [ruːf] • room [ruːm] • saucepan ['sɔːspən] • sink [sɪŋk] • sitting room ['sɪtɪŋ ruːm] • sofa ['səʊfə] • table ['teɪbəl] • tap [tæp] • toilets ['tɔɪləts] • wall [wɔːl] • window ['wɪndəʊ]

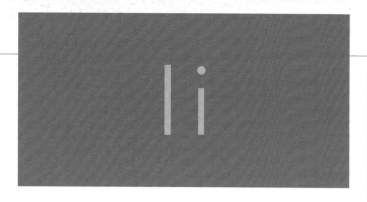

# I i

## an idea
### une idée
I have an idea!
*J'ai une idée !*

## ill
### malade
Are you ill?
*Es-tu malade ?*

Synonyme : sick

## important
### important
It's your daughter. It's important.
*C'est votre fille. C'est important.*

## impossible
### impossible
It's impossible.
*C'est impossible.*

## innocent
### innocent
I am innocent.
*Je suis innocent.*

## insist
### insister
Please, go first. I insist.
*Je t'en prie, vas-y d'abord. J'insiste.*

## intelligent
### intelligent
They are so intelligent!
*Ils sont tellement intelligents !*

Synonyme : clever

## interesting
### intéressant
This magazine is very interesting.
*Ce magazine est très intéressant.*

## invite
### inviter
Mummy, can I invite my friends?
*Maman, puis-je inviter mes amis ?*

À savoir aussi :
a party *(une fête)*

idea [ɑɪ'dɪə] • ill [ɪl] • important [ɪm'pɔːtənt] • impossible [ɪm'pɒsəbəl] • innocent ['ɪnəsənt] • insist [ɪn'sɪst] • intelligent [ɪn'telɪdʒənt] • interesting ['ɪntrəstɪŋ] • invite [ɪn'vaɪt]

# Jj

a job *un travail / un métier*

fireman
*pompier*

builder
*maçon*

teacher
*enseignant*

architect
*architecte*

doctor
*docteur*

engineer
*ingénieur*

dentist
*dentiste*

banker
*banquier*

hairdresser
*coiffeur*

cook
*cuisinier*

plumber
*plombier*

judge
*juge*

computer technician
*informaticien*

nurse
*infirmière*

SHOP  BAKERY  CAFE

BUTCHER'S SHOP

butcher
*boucher*

reporter
*reporter*

postman
*facteur*

shop assistant
*vendeur*

baker
*boulanger*

waiter
*serveur*

journalist
*journaliste*

worker
*ouvrier*

policeman
*policier*

architect ['ɑːkɪtekt] • baker ['beɪkə] • banker ['bæŋkə] • builder ['bɪldə] • butcher ['butʃə] • computer technician [kəm'pjuːtə tek'nɪʃən] • cook [kuk] • dentist ['dentɪst] • doctor ['dɒktə] • engineer [endʒɪ'nɪə] • fireman ['faɪəmən] • hairdresser ['heədresə] • journalist ['dʒɜːnəlɪst] • judge [dʒʌdʒ] • nurse [nɜːs] • plumber ['plʌmə] • policeman [pə'liːsmən] • policewoman [pə'liːswumən] • postman ['pəustmən] • reporter [rɪ'pɔːtə] • shop assistant [ʃɒp ə'sɪstənt] • teacher ['tiːtʃə] • waiter ['weɪtə] • worker ['wɜːkə]

51

## a journey
*un voyage*

Have a nice journey!
*Fais un bon voyage !*

Synonyme : a trip

## joy
*la joie*

He's weeping for joy.
*Il pleure de joie.*

## juice
*du jus*

I'd like an orange juice, please.
*J'aimerais un jus d'orange, s'il vous plaît.*

## jump
*sauter / bondir*

I can jump too.
*Moi aussi, je sais sauter.*

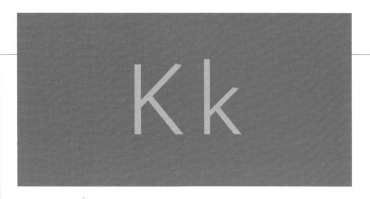

# K k

## keep
*garder*

Can you keep a secret?
*Sais-tu garder un secret ?*

## a key
*une clé*

Where are the keys?
*Où sont les clés ?*

## kill
*tuer*

I'll kill you if you tell her.
*Je te tuerai si tu lui dis.*

## kind
*gentil*

That's kind of you.
*C'est gentil de ta part.*

À savoir aussi : nice (*sympa*)

journey ['dʒɜːni] • joy [dʒɔɪ] • juice [dʒuːs] • jump [dʒʌmp] • keep [kiːp] • key [kiː] • kill [kɪl] • kind [kaɪnd]

## a king
### un roi

Who is the king of the kingdom?
*Qui est le roi du royaume ?*

## know
### savoir

I don't know.
*Je ne sais pas.*

# L l

## a ladder
### une échelle

I'm at the bottom of the ladder.
*Je suis en bas de l'échelle.*

## a lady
### une dame

Say "hello" to the lady.
*Dis « bonjour » à la dame.*

## a lake
### un lac

A lake is smaller than a sea.
*Un lac est plus petit qu'une mer.*

## a lamp
### une lampe

Switch on the lamp, please.
*Allume la lampe, s'il te plaît.*

À savoir aussi :
a street lamp *(un lampadaire)*
a bedside lamp *(une lampe de chevet)*

---

king [kɪŋ] • know [nəʊ] • ladder ['lædə] • lady ['leɪdi] • lake [leɪk] • lamp [læmp]

A B C D E F G H I J K L M N O P Q R S T U V W X Y Z

# be late

## be late
### *être en retard*

Sorry, I'm late.
*Désolé, je suis en retard.*

Opposé :
be early *(être en avance)*

## laugh
### *rire*

Why are you laughing?
*Pourquoi est-ce que tu ris ?*

## a lawn
### *une pelouse*

I'm proud of my lawn.
*Je suis fier de ma pelouse.*

## lazy
### *paresseux*

I'm not lazy.
*Je ne suis pas paresseux.*

## a leader
### *un leader / un dirigeant / un chef*

I'm the leader.
*Je suis le chef.*

## a leaf (pluriel : leaves)
### *une feuille*

Look at those leaves! It's autumn.
*Regarde ces feuilles ! C'est l'automne.*

## learn
### *apprendre*

I'm learning English.
*J'apprends l'anglais.*

## leave
### *quitter / partir*

I don't want to leave.
*Je ne veux pas partir.*

## a letter
### *une lettre*

I'm sending a letter to my parents.
*J'envoie une lettre
à mes parents.*

## a library
### *une bibliothèque*

I go to the library every Saturday.
*Je vais à la bibliothèque tous les samedis.*

Attention !
Une librairie se dit a bookshop.

---

late [leɪt] • laugh [lɑːf] • lawn [lɔːn] • lazy [ˈleɪzi] • leader [ˈliːdə] • leaf [liːf] • learn [lɜːn] • leave [liːv] • letter [ˈletə] • library [ˈlaɪbrəri]

## lie

*être couché / se coucher*

Lie on your back.
*Couchez-vous sur le dos.*

## a lie

*un mensonge*

That's a lie!
*C'est un mensonge !*

## life

*la vie*

Life is beautiful.
*La vie est belle.*

## light

*la lumière*

Turn the light off.
*Éteins la lumière.*

**Adjectif** : light *(léger)*

## like

*aimer*

I like sweets but I prefer chocolate.
*J'aime les bonbons,
mais je préfère le chocolat.*

## listen

*écouter*

Listen to me!
*Écoutez-moi !*

## a liter [US] / litre [GB]

*un litre*

Just a litre, please.
*Juste un litre, s'il vous plaît.*

## live

*vivre, habiter*

I live here.
*J'habite ici.*

## long

*long*

The giraffe has a long neck.
*La girafe a un long cou.*

## look

*regarder*

Look at me!
*Regarde-moi !*

**Attention !**
Il faut toujours employer **at** entre
look et le complément.

---

lie [laɪ] • life [laɪf] • light [laɪt] • like [laɪk] • listen ['lɪsən] • liter/litre ['liːtə] • live [lɪv] • long [lɒŋ] • look [lʊk]

A B C D E F G H I J K L M N O P Q R S T U V W X Y Z

# look for something

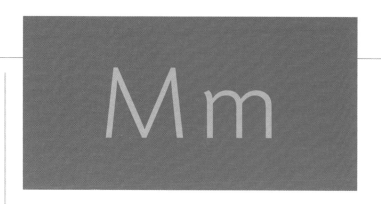

## look for something

### look for something
*chercher quelque chose*

What are you looking for?
*Qu'est-ce que tu cherches ?*

### lose
*perdre*

Don't lose your keys.
*Ne perds pas tes clés.*

### love
*aimer*

I love you.
*Je t'aime.*

### lovely
*charmant*

How lovely!
*Comme c'est charmant !*

### luggage
(toujours au singulier)
*les bagages*

Where is our luggage?
*Où sont nos bagages ?*

### a machine
*une machine*

This machine is out of order.
*Cette machine ne fonctionne pas.*

### mail
*le courrier*

You've got mail.
*Vous avez du courrier / des mails.*

### make
*faire*

Let's make peace.
*Faisons la paix.*

### a man (pluriel : men)
*un homme*

I'm a man.
*Je suis un homme.*

À savoir aussi :
a woman *(une femme)*

---

look for [lʊk fɔː] • lose [luːz] • love [lʌv] • lovely ['lʌvli] • luggage ['lʌgɪdʒ] • machine [məˈʃiːn] • mail [meɪl] • make [meɪk] • man [mæn] • men [men]

## a map
*une carte / un plan*

This is a map of the United States.
*Voici une carte des États-Unis.*

## a market
*un marché*

This is a busy market.
*C'est un marché animé.*

## marry
*épouser*

Will you marry me?
*Veux-tu m'épouser ?*

**Nom :** a marriage *(un mariage)*

## a match
*un match*

They lost the match.
*Ils ont perdu le match.*

## a meal
*un repas*

Breakfast is my favourite meal.
*Le petit déjeuner est mon repas favori.*

→ Va voir page 58.
→ Va voir également le mot food.

## mean
*signifier / vouloir dire*

What do you mean?
*Qu'est-ce que tu veux dire ?*

## a medicine
*un médicament*

Here's your medicine.
*Voici ton médicament.*

## meet
*se rencontrer / se retrouver*

Can we meet for lunch?
*Peut-on se retrouver pour le déjeuner ?*

## a meeting
*une réunion*

The meeting is starting now.
*La réunion commence maintenant.*

## a message
*un message*

There's a message in this bottle.
*Il y a un message dans cette bouteille.*

À savoir aussi :
write *(écrire)*

map [mæp] • market ['mɑːkɪt] • marry ['mæri] • match [mætʃ] • meal [miːl] • mean [miːn] • medicine ['medsən] • meet [miːt] • meeting ['miːtɪŋ] • message ['mesɪdʒ]

# a meal *un repas*

**BREAKFAST**
*le petit déjeuner*

**LUNCH AND DINNER**
*le déjeuner et le dîner*

milk
*lait*

jam
*confiture*

cheese
*fromage*

cereal
*céréales*

butter
*beurre*

tomato salad
*salade de tomates*

roll
*petit pain*

oil
*huile*

vinegar
*vinaigre*

bread
*pain*

sugar
*sucre*

salad
*salade*

chips [US] /
crisps [GB]
*chips*

fish
*poisson*

toast
*pain grillé*

honey
*miel*

hot chocolate
*chocolat chaud*

soup
*soupe*

pepper
*poivre*

salt
*sel*

pizza
*pizza*

tea
*thé*

rice
*riz*

sandwich
*sandwich*

orange
juice
*jus d'orange*

coffee
*café*

pasta
*pâtes*

bacon
*bacon*

egg
*œuf*

fries [US] /
chips [GB]
*frites*

**DESSERT**

cake
*gâteau*

apple pie
*tourte aux pommes*

dessert
*dessert*

ice cream
*glace*

biscuit
*biscuit*

fruit salad
*salade de fruits*

apple pie [æpəl'paɪ] • bacon ['beɪkən] • biscuit ['bɪskɪt] • breakfast ['brekfəst] • bread [bred] • butter ['bʌtə] • cake [keɪk] • cereal ['sɪərɪəl] • cheese [tʃiːz] • chips [tʃɪps] • chocolate ['tʃɒklət] • coffee ['kɒfi] • crisps [krɪsps] • dessert [dɪ'zɜːt] • dinner ['dɪnə] • egg [eg] • fish [fɪʃ] • fries [fraɪz] • fruit salad [fruːt 'sæləd] • honey ['hʌni] • ice cream ['aɪs kriːm] • jam [dʒæm] • lunch [lʌntʃ] • milk [mɪlk] • oil [ɔɪl] • orange juice ['ɒrɪndʒ dʒuːs] • pasta ['pæstə] • pepper ['pepə] • pizza ['piːtsə] • rice [raɪs] • roll [rəʊl] • salad ['sæləd] • salt [sɔːlt] • sandwich ['sænwɪtʃ] • soup [suːp] • sugar ['ʃʊgə] • tea [tiː] • toast [təʊst] • tomato salad [tə'mɑːtəʊ 'sæləd] • vinegar ['vɪnɪgə]

## a minute
*une minute*

Three minutes to boil an egg.
*Trois minutes pour cuire un œuf.*

## a mirror
*un miroir*

Mirror, who is the fairest?
*Miroir, qui est la plus belle ?*

## miss
*manquer / rater*

We missed our plane.
*Nous avons raté notre avion.*

## a mistake
*une erreur*

I made a mistake, I think.
*J'ai fait une erreur, je crois.*

## mix
*mélanger*

Mix the yellow and the blue.
*Mélange le jaune et le bleu.*

**Nom :** a mix *(un mélange)*

## a moment
*un moment*

Just a moment, please!
*Un moment, s'il vous plaît !*

## money
*l'argent*

Give me some money.
*Donnez-moi de l'argent.*

**À savoir aussi :** a bill [US],
a banknote [GB] *(un billet de banque)*

| |
|---|
| January |
| February |
| March |
| April |
| May |
| June |
| July |
| August |
| September |
| October |
| November |
| December |

## a month
*un mois*

There are 12 months in a year.
*Il y a 12 mois dans une année.*

**Attention !**
Les noms de mois prennent toujours
une majuscule en anglais.

janvier, février, mars, avril, mai, juin,
juillet, août, septembre, octobre,
novembre, décembre.

## the moon
*la lune*

Look at the moon!
*Regarde la lune !*

minute ['mɪnɪt] • mirror ['mɪrə] • miss [mɪs] • mistake [mɪ'steɪk] • mix [mɪks] • moment ['məʊmənt] • money ['mʌni] • month [mʌnθ] • January ['dʒænjuəri] • February ['februəri] • March [mɑːtʃ] • April ['eɪprəl] • May [meɪ] • June [dʒuːn] • July [dʒuˈlaɪ] • August ['ɔːgəst] • September [səp'tembə] • October [ɒk'təʊbə] • November [nəʊ'vembə] • December [dɪ'sembə] • moon [muːn]

# morning

## a morning
### un matin / une matinée

What a beautifull morning!
*Quelle belle matinée !*

## a mountain
### une montagne

It is the highest mountain in the world.
*C'est la montagne la plus haute du monde.*

## move
### bouger / déménager

I can't move.
*Je ne peux pas bouger.*

## the movies [US] / the cinema [GB]
### le cinéma

We go to the movies every Sunday.
*Nous allons au cinéma tous les dimanches.*

À savoir aussi :
a movie [US] / a film [GB] (*un film*)

## music
### la musique

I love music.
*J'adore la musique.*

a trumpet
*une trompette*

a piano
*un piano*

a violin
*un violon*

a flute
*une flûte*

a guitar
*une guitare*

a drum
*un tambour*

morning ['mɔːnɪŋ] • mountain ['maʊntɪn] • move [muːv] • movies ['muːviz] • cinema ['sɪnəmə] • music ['mjuːzɪk] • drum [drʌm] • flute [fluːt] • guitar [gɪ'tɑː] • piano [pi'ænəʊ] • trumpet ['trʌmpɪt] • violin [vaɪə'lɪn]

# N n

## a nail
*un ongle / un clou*

My nails are red.
*Mes ongles sont rouges.*

## naked
*nu*

Are all animals naked?
*Tous les animaux sont-ils nus ?*

## a name
*un nom*

What's your name?
*Quel est ton nom ?*

## a nationality
*une nationalité*

What's your nationality?
*Quelle est ta nationalité ?*

→ Va voir aussi le mot country.

## nature
*la nature*

Nature is precious.
*La nature est précieuse.*

## near
*près*

I live near here.
*J'habite près d'ici.*

## need
*avoir besoin de*

I need you.
*J'ai besoin de toi.*

## a neighbor [US] / neighbour [GB]
*un voisin, une voisine*

This is my new neighbour.
*Voici mon nouveau voisin.*

## new
*nouveau*

We need a new machine.
*Nous avons besoin d'une nouvelle machine.*

**Opposé :** old *(vieux)*

---

nail [neɪl] • naked ['neɪkɪd] • name [neɪm] • nationality [næʃə'næləti] • nature ['neɪtʃə] • near [nɪə] • need [niːd] • neighbor/neighbour ['neɪbə] • new [njuː]

A B C D E F G H I J K L M N O P Q R S T U V W X Y Z

## a newspaper

*un journal*

Dad buys his newspaper every morning.
*Papa achète son journal chaque matin.*

## next

*suivant / prochain*

See you next week!
*À la semaine prochaine !*

## nice

*bon / sympa*

He's a nice guy.
*C'est un gars sympa.*

## a night

*une nuit*

We go out at night.
*Nous sortons la nuit.*

## a noise

*un bruit*

What a noise!
*Quel bruit !*

**Adjectif :** noisy *(bruyant)*

---

# a number
*un nombre*

| | | |
|---|---|---|
| 0 | 1 | 2 |
| zero | one | two |
| 3 | 4 | 5 | 6 |
| three | four | five | six |
| 7 | 8 | 9 | 10 |
| seven | eight | nine | ten |
| 11 | 12 | 13 | 14 |
| eleven | twelve | thirteen | fourteen |
| 15 | 16 | 17 | 18 |
| fifteen | sixteen | seventeen | eighteen |
| 19 | 20 | 30 | 40 |
| nineteen | twenty | thirty | forty |
| 50 | 60 | 70 | 80 |
| fifty | sixty | seventy | eighty |
| 90 | 100 | 1000 | 1000 000 |
| ninety | one hundred | one thousand | one million |

zero ['zɪərəʊ] • one [wʌn] • two [tuː] • three [θriː] • four [fɔː] • five [faɪv] • six [sɪks] • seven ['sevən] • eight [eɪt] • nine [naɪn] • ten [ten] • eleven [ɪ'levən] • twelve [twelv] • thirteen [θɜː'tiːn] • fourteen [fɔː'tiːn] • fifteen [fɪf'tiːn] • sixteen [sɪks'tiːn] • seventeen [sevən'tiːn] • eighteen [eɪ'tiːn] • nineteen [naɪn'tiːn] • twenty ['twenti] • thirty ['θɜːti] • forty ['fɔːti] • fifty ['fɪfti] • sixty ['sɪksti] • seventy ['sevənti] • eighty ['eɪti] • ninety ['naɪnti] • hundred ['hʌndrəd] • thousand ['θaʊzənd] • million ['mɪljən]

---

newspaper ['njuːzpeɪpə] • next [nekst] • nice [naɪs] • night [naɪt] • noise [nɔɪz] • number ['nʌmbə]

# Oo

## obey
### obéir

I never obey.
*Je n'obéis jamais.*

## obliged
### obligé

We are obliged to go.
*Nous sommes obligés d'y aller.*

## an office
### un bureau

I work in a large office.
*Je travaille dans un grand bureau.*

## old
### vieux / âgé

This woman is very old.
*Cette femme est très âgée.*

**Opposé** : young (*jeune*)

## open
### ouvrir

I'm opening the window.
*J'ouvre la fenêtre.*

**Opposé** : close (*fermer*)

## an orchestra
### un orchestre

It's the best orchestra in the world.
*C'est le meilleur orchestre du monde.*

**À savoir aussi** : a band (*un groupe*)
→ Va voir également le mot music.

## order
### commander

Are you ready to order?
*Êtes-vous prêt à commander ?*

---

obey [ə'beɪ] • obliged [ə'blaɪdʒd] • office ['ɒfɪs] • old [əʊld] • open ['əʊpən] • orchestra ['ɔːkɪstrə] • order ['ɔːdə]

# P p

### a package
*un colis / un paquet*

I have a package for you.
*J'ai un colis pour vous.*

### a packet
*un paquet*

I'd like a packet of crisps, please.
*Je voudrais un paquet de chips, s'il vous plaît.*

### a page
*une page*

Open your books to page 23.
*Ouvrez vos livres à la page 23.*

### paint
*peindre*

Can you paint?
*Sais-tu peindre ?*

### pale
*pâle*

You look pale.
*Tu as l'air pâle.*

### paper
*du papier*

Do you want a paper bag
or a plastic bag?
*Vous voulez un sac en papier
ou en plastique ?*

### parents
*les parents*

My parents live abroad.
*Mes parents vivent à l'étranger.*

### a park
*un parc*

Central Park is a large park in New York.
*Central Park est un grand parc
de New York.*

### a party
*une fête*

We're having a party tonight.
*Nous faisons une fête ce soir.*

package ['pækɪdʒ] • packet ['pækɪt] • page [peɪdʒ] • paint [peɪnt] • pale [peɪl] • paper ['peɪpə] • parents ['peərənts] • park [pɑːk] • party ['pɑːti]

64

## patient

*patient*

Be patient.
*Sois patiente.*

## pay

*payer*

Where can I pay?
*Où est-ce que je peux payer ?*

## peace

*la paix*

And now make peace.
*Et maintenant, faites la paix.*

**Opposé :** war (*la guerre*)

## people

*les personnes / les gens*

There are so many people!
*Il y a tellement de gens !*

## a person

*une personne*

Laura is a popular person.
*Laura est une personne très appréciée.*

**Attention !** Deux, trois, quatre… personnes se dit two, three, four… people.

## a pet

*un animal domestique*

I have one pet: it's a dog.
*J'ai un animal domestique : c'est un chien.*

## a picnic

*un pique-nique*

Do you fancy a picnic?
*Ça te dirait un pique-nique ?*

## a picture

*une image / une photo*

One more picture!
*Encore une photo !*

**Synonymes :** a photo / a photograph

## a piece

*un morceau*

Do you want a piece of cake?
*Veux-tu un morceau de gâteau ?*

## a pillow

*un oreiller*

I like my big pillow!
*J'aime bien mon gros oreiller !*

patient ['peɪʃənt] • pay [peɪ] • peace [piːs] • people ['piːpəl] • person ['pɜːsən] • pet [pet] • picnic ['pɪknɪk] • picture ['pɪktʃə] • piece [piːs] • pillow ['pɪləʊ]

65

## a place
### un endroit

Do you know a place called "Green Café"?
*Connaissez-vous un endroit qui s'appelle « Green Café » ?*

## a plant
### une plante

This plant likes water.
*Cette plante aime l'eau.*

## play
### jouer / s'amuser

Can I play with you?
*Est-ce que je peux jouer avec toi ?*

**Noms** : a play (*une pièce de théâtre*), a player (*un joueur*)

## playtime
### la récréation

Playtime is over!
*La récréation est terminée !*

## pleasant
### agréable

We wish you a pleasant flight.
*Nous vous souhaitons un vol agréable.*

**Opposé** : unpleasant (*désagréable*)

## pleasure
### le plaisir

Can you help me? With pleasure.
*Peux-tu m'aider ? Avec plaisir.*

## the police
(toujours suivi d'un verbe au pluriel)
### la police

The police are here!
*La police est là !*

## polite
### poli

Be polite with the policeman.
*Sois poli avec le policier.*

## poor
### pauvre

My neighbour is rich and I am poor.
*Mon voisin est riche et moi, je suis pauvre.*

**Opposé** : rich (*riche*)

## the population
### la population

The population of London is around ten million.
*La population de Londres est d'environ dix millions d'habitants.*

---

place [pleɪs] • plant [plɑːnt] • play [pleɪ] • playtime ['pleɪtaɪm] • pleasant ['plezənt] • pleasure ['pleʒə] • police [pə'liːs] • polite [pə'laɪt] • population [pɒpjə'leɪʃən] • poor [pɔː]

## possible
*possible*

Is it possible to speak to Mr Black?
*Est-il possible de parler à M. Black ?*

**Opposé :** impossible *(impossible)*

## pour
*verser*

She's pouring milk into her glass.
*Elle verse du lait dans son verre.*

## power
*le pouvoir*

He has a lot of power.
*Il a beaucoup de pouvoir.*

## prefer
*préférer*

I prefer tea to coffee.
*Je préfère le thé au café.*

## prepare
*préparer*

I'm preparing dinner.
*Je prépare le dîner.*

**À savoir aussi :** get ready
*(se préparer)*

## a present
*un cadeau*

I have a present for you.
*J'ai un cadeau pour toi.*

## the president
*le président*

The president is the leader
of the government.
*Le président est le chef du gouvernement.*

## pretty
*mignon / joli*

She's pretty.
*Elle est jolie.*

## a price
*un prix*

It's a high price.
*C'est un prix élevé.*

45 €

## a prince
*un prince*

He's Prince Charming.
*C'est le Prince Charmant.*

**À savoir aussi :** a princess
*(une princesse)*

possible ['pɒsəbəl] • pour [pɔː] • power [ˈpaʊə] • prefer [prɪˈfɜː] • prepare [prɪˈpeə] • present ['prezənt] • president ['prezɪdənt] • pretty ['prɪti] • price [praɪs] • prince [prɪns]

67

## a prison

*une prison*

They are in prison.
*Ils sont en prison.*

## a prize

*un prix / une récompense*

I won first prize.
*J'ai remporté le premier prix.*

## a problem

*un problème*

I have a problem.
*J'ai un problème.*

## a program [US] / a programme [GB]

*un programme*

How much is the programme?
*Combien coûte le programme ?*

## proud

*fier*

I'm proud of you.
*Je suis fier de toi.*

**Nom :** pride *(la fierté)*

## pull

*tirer*

Stop pulling it!
*Arrête de le tirer !*

## punish

*punir*

I am punished.
*Je suis puni.*

## push

*pousser*

Liz is pushing a pushchair.
*Liz pousse une poussette.*

## put

*mettre / poser*

Put your books in your bag.
*Mets tes livres dans ton sac.*

## put on clothes

*mettre des vêtements*

Put on this sweater.
*Mets ce pull.*

**Opposé :**
take off clothes *(enlever ses vêtements)*

---

prison ['prɪzən] • prize [praɪz] • problem ['prɒbləm] • program / programme ['prəʊgræm] • proud [praʊd] • pull [pʊl] • punish ['pʌnɪʃ] • push [pʊʃ] • put [pʊt]

# Q q

## a queen

*une reine*

The queen and the king are in their palace.
*La reine et le roi sont dans leur palais.*

## a question

*une question*

That's a difficult question.
*C'est une question difficile.*

## a queue

*une file d'attente*

There's a long queue.
*Il y a une longue file d'attente.*

## quiet

*tranquille*

I live in a quiet town.
*J'habite une ville tranquille.*

Synonyme : calm

# R r

## a radio

*une radio*

My telephone is also a radio.
*Mon téléphone est aussi une radio.*

## rain

*pleuvoir*

It's raining!
*Il pleut !*

Nom : rain *(la pluie)*
→ Va voir page 13 (la météo).

## rarely

*rarement*

I rarely go out.
*Je sors rarement.*

## read

*lire*

Can you read?
*Sais-tu lire ?*

---

queen [kwi:n] • question ['kwestʃən] • queue [kju:] • quiet ['kwaɪət] • radio ['reɪdiəʊ] • rain [reɪn] • rarely ['reəli] • read [ri:d]

A B C D E F G H I J K L M N O P Q R S T U V W X Y Z

## ready

*prêt*

We are ready.
*Nous sommes prêts.*

## really

*vraiment*

I passed my exam. Really?
*J'ai réussi mon examen. Vraiment ?*

## receive

*recevoir*

I received a letter from my son.
*J'ai reçu une lettre de mon fils.*

## a remark

*une remarque*

That's an interesting remark.
*C'est une remarque intéressante.*

## remember

*se souvenir*

I don't remember my name!
*Je ne me souviens plus de mon nom !*

Attention !
Il n'y a pas de préposition après remember.

## repair

*réparer*

I'm repairing my bike.
*Je répare mon vélo.*

## rest

*se reposer*

I need to rest a bit.
*J'ai besoin de me reposer un peu.*

## a restaurant

*un restaurant*

Where can I find a good restaurant?
*Où est-ce que je peux trouver
un bon restaurant ?*

## return

*retourner*

I'm returning home.
*Je rentre à la maison.*

## rich

*riche*

I'm rich!
*Je suis riche !*

**Opposé** : poor *(pauvre)*

---

ready ['redi] • really ['rɪəli] • receive [rɪ'siːv] • remark [rɪ'mɑːk] • remember [rɪ'membə] • repair [rɪ'peə] • rest [rest] • restaurant ['restərɒnt] • return [rɪ'tɜːn] • rich [rɪtʃ]

## ride

*aller à cheval / à vélo*

I can ride!
*Je sais faire du cheval !*

## ridiculous

*ridicule*

Do I look ridiculous?
*Ai-je l'air ridicule ?*

## a ring

*une bague*

Look at this beautiful ring!
*Regarde cette belle bague !*

## rise

*se lever*

Look, the sun is rising.
*Regarde, le soleil se lève.*

## a river

*une rivière / un fleuve*

The Thames is a river.
*La Tamise est un fleuve.*

## a road

*une route*

There's no traffic on this road.
*Il y n'a pas beaucoup de circulation sur cette route.*

À savoir aussi : a street (*une rue*)

## a rock

*un roc / un rocher*

Mind the rocks!
*Attention aux rochers !*

## a room

*une salle / une pièce*

We're going to have fun in this room!
*Nous allons bien nous amuser dans cette pièce !*

→ Va voir le mot house.

## a rule

*une règle*

Do you know the rule of the game?
*Connais-tu la règle du jeu ?*

## run

*courir*

Can you run?
*Sais-tu courir ?*

---

ride [raɪd] • ridiculous [rɪˈdɪkjʊləs] • ring [rɪŋ] • rise [raɪz] • river [ˈrɪvə] • road [rəʊd] • rock [rɒk] • room [ruːm] • rule [ruːl] • run [rʌn]

A B C D E F G H I J K L M N O P Q R S T U V W X Y Z

# S s

## sad
*triste*

Don't be sad!
*Ne sois pas triste !*

## same
*pareil / même*

We have the same hair.
*Nous avons les mêmes cheveux.*

## say
*dire*

What did you say?
*Qu'est-ce que tu as dit ?*

## scare
*faire peur*

He scared me!
*Il m'a fait peur !*

**Adjectif :** scary *(effrayant)*

## a school
*une école*

I go to school every morning.
*Je vais à l'école tous les matins.*

→ Va voir le mot classroom.

## the score
*le résultat / le score*

The score is 1 all.
*Le score est de 1 partout.*

## the seaside
*le bord de mer*

We're going to the seaside.
*Nous allons au bord de la mer.*

→ Va voir page 73.

## a season
*une saison*

The four seasons are spring, summer, fall [US] / autumn [GB] and winter.
*Les quatre saisons sont le printemps, l'été, l'automne et l'hiver.*

## a second
*une seconde*

Wait a second!
*Attends une seconde !*

---

sad [sæd] • same [seɪm] • say [seɪ] • scare [skeə] • school [sku:l] • score [skɔ:] • seaside ['si:saɪd] • season ['si:zən] • second ['sekənd]

# the seaside *le bord de mer*

sky
*ciel*

sun
*soleil*

coast
*côte*

sailing boat
*voilier*

island
*île*

seagull
*mouette*

boat
*bateau*

port
*port*

ship
*gros bateau*

sea
*mer*

wave
*vague*

seaside café
*café de bord de mer*

windsurfing
*planche à voile*

SEASIDE CAFE

beach
*plage*

sand
*sable*

sea shell
*coquillage*

towel
*serviette*

beach [biːtʃ] • boat [bəʊt] • coast [kəʊst] • island ['aɪlənd] • port [pɔːt] • sailing (boat) ['seɪlɪŋ] • seaside café ['siːsaɪd 'kæfeɪ] • sand [sænd] • sea [siː] • seagull ['siːgʌl] • sea shell ['siː ʃel] • ship [ʃɪp] • sky [skaɪ] • sun [sʌn] • towel ['taʊəl] • wave [weɪv] • windsurfing ['wɪndsɜːfɪŋ]

A B C D E F G H I J K L M N O P Q R S T U V W X Y Z

# a secret

*un secret*

I have a secret to tell you.
*J'ai un secret à te dire.*

# a secretary

*un / une secrétaire*

I'm the secretary. The dentist is coming.
*Je suis la secrétaire. La dentiste arrive.*

# see

*voir*

I can see very well!
*Je vois très bien !*

# select

*sélectionner / choisir*

They selected me!
*Ils m'ont sélectionné !*

# sell

*vendre*

You should sell it.
*Tu devrais la vendre.*

**Opposé :** buy (*acheter*)

# send

*envoyer*

Send me a postcard.
*Envoie-moi une carte postale.*

# serious

*sérieux*

He's serious.
*Il est sérieux.*

# a shadow

*une ombre*

Where's my shadow?
*Où est mon ombre ?*

# shake

*remuer / secouer*

Don't shake the bottle!
*Ne secoue pas la bouteille !*

# shampoo

*le shampoing*

I used too much shampoo.
*J'ai utilisé trop de shampoing.*

**À savoir aussi :**
wash (*se laver*)

secret ['si:krət] • secretary ['sekrətəri] • see [si:] • select [sə'lekt] • sell [sel] • send [send] • serious ['sɪərɪəs] • shadow ['ʃædəu] • shake [ʃeɪk] • shampoo [ʃæm'pu:]

## a shape
*une forme*

What shape is your house?
*De quelle forme est ta maison ?*

À savoir aussi : flat (*plat*) /
rectangular (*rectangulaire*) /
round (*rond*) / square (*carré*)

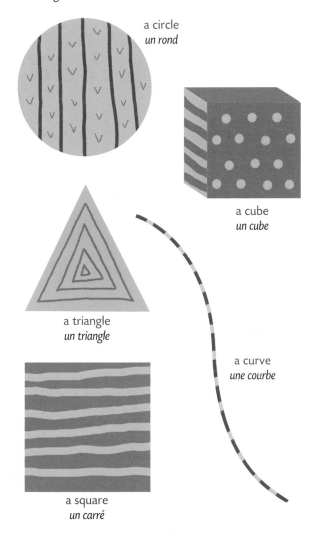

a rectangle
*un rectangle*

a circle
*un rond*

a cube
*un cube*

a triangle
*un triangle*

a curve
*une courbe*

a square
*un carré*

## shave
*se raser*

I never shave.
*Je ne me rase jamais.*

## a sheet
*une feuille / un drap*

I'm writing on a sheet of paper.
*J'écris sur une feuille de papier.*

## a shelf (pluriel : shelves)
*une étagère*

Put it on the shelf.
*Mets-le sur l'étagère.*

À savoir aussi :
a bookshelf (*un rayonnage*)

## a shell
*une coquille*

This is my shell.
*C'est ma coquille.*

## shine
*briller*

The sun is shining.
*Le soleil brille.*

A B C D E F G H I J K L M N O P Q R S T U V W X Y Z

shape [ʃeɪp] • circle ['sɜːkəl] • cube [kjuːb] • curve [kɜːv] • square [skweə] • rectangle ['rektæŋgəl] • triangle ['traɪæŋgəl] • shave [ʃeɪv] • sheet [ʃiːt] • shelf [ʃelf] • shelves [ʃelvz] • shell [ʃel] • shine [ʃaɪn]

## go shopping

*faire des courses*

Let's go shopping!
*Allons faire des courses !*

## short

*court*

My trousers are a bit short.
*Mon pantalon est un peu court.*

## shout

*crier / hurler*

Peter is shouting.
*Peter hurle.*

## show

*montrer*

Show me your favorite toy.
*Montre-moi ton jouet préféré.*

À savoir aussi :
a show (*un spectacle / une émission*)

## a shower

*une douche*

I'm in the shower.
*Je suis sous la douche.*

À savoir aussi : a bath (*un bain*)

## shut

*fermer*

Shut the door, please!
*Ferme la porte, s'il te plaît !*

## shy

*timide*

I'm shy, you know.
*Je suis timide, tu sais.*

## silent

*silencieux*

I like silent people.
*J'aime les gens silencieux.*

**Nom :** silence (*le silence*)

## silly

*idiot*

It's a silly game!
*C'est un jeu idiot !*

## silver

*de l'argent*

Is it silver or gold?
*C'est de l'argent ou de l'or ?*

shopping ['ʃɒpɪŋ] • short [ʃɔːt] • shout [ʃaʊt] • show [ʃəʊ] • shower ['ʃaʊə] • shut [ʃʌt] • shy [ʃaɪ] • silent ['saɪlənt] • silly ['sɪli] • silver ['sɪlvə]

76

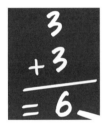

## simple
*simple*

It's simple!
*C'est simple !*

## sing
*chanter*

I like singing.
*J'aime chanter.*

**Nom :** a singer *(un chanteur)*

## sit
*être assis / s'asseoir*

Sit here!
*Assieds-toi ici !*

## size
*la taille*

What size are you?
*Quelle est ta taille ?*

→ Va voir page 78.

## sleep
*dormir*

The dog is sleeping.
*Le chien dort.*

## a slice
*une tranche*

One slice of cake for me.
*Une tranche de gâteau pour moi.*

## slow
*lent*

You're slow!
*Tu es lent !*

**Opposé :** quick *(rapide)*

## smell
*sentir*

It smells bad.
*Cela sent mauvais.*

## smile
*sourire*

Smile, please!
*Souriez, s'il vous plaît !*

## smoke
*la fumée*

Look at the smoke!
*Regarde la fumée !*

**Verbe :** smoke *(fumer)*

A B C D E F G H I J K L M N O P Q R S T U V W X Y Z

simple ['sɪmpəl] • sing [sɪŋ] • sit [sɪt] • size [saɪz] • sleep [sliːp] • slice [slaɪs] • slow [sləʊ] • smell [smel] • smile [smaɪl] • smoke [sməʊk]

# size *la taille, la grandeur*

narrow
*étroit*

thin
*mince, fin*

broad / wide
*large*

small
*petit*

high
*haut*

tall
*grand*

tiny
*minuscule*

big
*gros*

thick
*épais*

low
*bas*

little
*petit*

large
*grand*

enormous
*énorme*

short
*court, petit*

big [bɪɡ] • broad [brɔːd] • enormous [ɪˈnɔːməs] • high [haɪ] • large [lɑːdʒ] • little [ˈlɪtəl] • low [ləʊ] • narrow [ˈnærəʊ] • short [ʃɔːt] • small [smɔːl] • tall [tɔːl] • thick [θɪk] • thin [θɪn] • tiny [ˈtaɪni] • wide [waɪd]

78

## snow
*neiger*

It's snowing.
*Il neige.*

À savoir aussi : a snowman
*(un bonhomme de neige)*
→ Va voir page 13 (la météo).

## soap
*le savon*

Pass me the soap, please.
*Passe-moi le savon, s'il te plaît.*

## soft
*doux*

I like soft pillows.
*J'aime les oreillers doux.*

## a song
*une chanson*

It's a beautiful song.
*C'est une belle chanson.*

## speak
*parler*

Do you speak English?
*Parlez-vous anglais ?*

À savoir aussi : talk *(parler / discuter)*

## a spectator
*un spectateur*

There are a lot of spectators.
*Il y a beaucoup de spectateurs.*

## speed
*la vitesse*

Reduce your speed!
*Réduis ta vitesse !*

## spend
*dépenser*

I spend too much money.
*Je dépense trop d'argent.*

## sport
*le sport*

Do you do any sport?
*Fais-tu du sport ?*
→ Va voir page 80.

## spring
*sauter*

Come on, spring!
*Allons, saute !*

Synonyme : jump

snow [snəʊ] • soap [səʊp] • soft [sɒft] • song [sɒŋ] • speak [spiːk] • spectator [spekˈteɪtə] • speed [spiːd] • spend [spend] • sport [spɔːt] • spring [sprɪŋ]

A B C D E F G H I J K L M N O P Q R S T U V W X Y Z

# sports *les sports*

skiing
*ski*

fencing
*escrime*

swimming
*natation*

race
*course*

tennis
*tennis*

ice-skating
*patinage*

gymnastics
*gymnastique*

handball
*handball*

football
*football*

boxing
*boxe*

judo
*judo*

basketball
*basketball*

rugby
*rugby*

basketball ['bɑːskɪtbɔːl] • boxing ['bɒksɪŋ] • fencing ['fensɪŋ] • football ['fʊtbɔːl] • gymnastics [dʒɪm'næstɪks] • handball ['hændbɔːl] • ice-skating ['aɪs skeɪtɪŋ] • judo ['dʒuːdəʊ] • race [reɪs] • rugby ['rʌgbi] • skiing ['skiːɪŋ] • swimming ['swɪmɪŋ] • tennis ['tenɪs]

## the stairs

*les escaliers*

It's at the top of the stairs.
*C'est en haut des escaliers.*

## stand

*être debout*

## stand up

*se lever*

Careful, he's standing up.
*Attention, il se lève.*

## a star

*une étoile / une star*

Look at the stars!
*Regarde les étoiles !*

## start

*commencer*

The race is starting!
*La course commence !*

Synonyme : begin

## a station

*une gare*

Our train leaves from this station.
*Notre train part de cette gare.*

## stay

*rester*

Stay with me!
*Reste avec moi !*

## steal

*voler (quelque chose)*

You must not steal!
*Tu ne dois pas voler !*

À savoir aussi : a thief (*un voleur*)

## stomach

*l'estomac*

My stomach is full.
*Mon estomac est plein.*

## a stone

*une pierre*

She's sitting on a stone.
*Elle est assise sur une pierre.*

## a stop

*un arrêt*

This is the bus stop.
*C'est l'arrêt du bus.*

Verbe : stop (*arrêter*)

stairs [steəz] • stand [stænd] • stand up [stænd ʌp] • star [stɑː] • start [stɑːt] • station ['steɪʃən] • stay [steɪ] • steal [stiːl] • stomach ['stʌmək] • stone [stəʊn] • stop [stɒp]

## a story

*une histoire*

This is a nice story.
*C'est une belle histoire.*

## strange

*étrange*

That's strange.
*C'est étrange.*

## stroke

*caresser*

I like stroking my cat.
*J'aime caresser mon chat.*

## strong

*fort / puissant*

How strong you are!
*Comme tu es fort !*

**Opposé** : weak *(faible)*

## a student

*un étudiant / un élève*

I will be a student when I am old.
*Je serai étudiant quand je serai vieux.*

**Verbe** : study *(étudier)*

## a suitcase

*une valise*

Is this your suitcase?
*C'est votre valise ?*

## the sun

*le soleil*

I love the sun.
*J'adore le soleil.*

## a supermarket

*un supermarché*

Let's go to the supermarket.
*Allons au supermarché.*

## sure

*sûr / certain*

I'll win. I'm sure.
*Je gagnerai. J'en suis sûr.*

**Synonyme** : certain *(certain)*

## surprised

*surpris*

I'm really surprised.
*Je suis vraiment surpris.*

**Nom** : a surprise *(une surprise)*

story ['stɔːri] • strange [streɪndʒ] • stroke [strəʊk] • strong [strɒŋ] • student ['stjuːdənt] • suitcase ['suːtkeɪs] • sun [sʌn] • supermarket ['suːpəmɑːkɪt] • sure [ʃɔː] • surprised [sə'praɪzd]

## swallow

*avaler*

You must swallow that syrup.
*Tu dois avaler ce sirop.*

## sweet

*doux / sucré*

My tea is too sweet.
*Mon thé est trop sucré.*

## sweets

*des bonbons*

Do you like sweets?
*Aimes-tu les bonbons ?*

## swim

*nager*

I love swimming.
*J'adore nager.*

**À savoir aussi :** a swimsuit (*un maillot de bain*), a swimming pool (*une piscine*)

## switch off / switch on

*éteindre / allumer*

Switch the light on.
*Allume la lumière.*

**Opposé :**
Switch the light off. (*Éteins la lumière*).

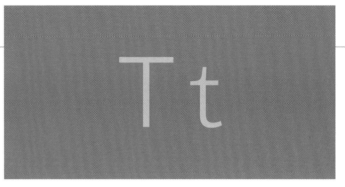

# T t

## a table

*une table*

Can we set the table?
*Pouvons-nous mettre la table ?*

→ Va voir page 9 (Je mets la table).

## take

*prendre / emporter*

Take your umbrella!
*Prends ton parapluie !*

## take off

*enlever (ses vêtements)*

Don't take your clothes off.
*N'enlève pas tes vêtements.*

## taste

*goûter*

Do you want to taste it?
*Veux-tu le goûter ?*

---

swallow ['swɒləʊ] • sweet [swiːt] • sweets [swiːts] • swim [swɪm] • switch off [swɪtʃ ɒf] • table ['teɪbəl] • take [teɪk] • take off [teɪk ɒf] • taste [teɪst]

## teach

*enseigner*

I love teaching.
*J'adore enseigner.*

**Nom :** a teacher *(un professeur)*
→ Va voir le mot school.

## a team

*une équipe*

This is a dream team.
*C'est une équipe de rêve.*

## a tear

*une larme*

He's in tears.
*Il est en larmes.*

## a telephone

*un téléphone*

Where's the telephone?
*Où est le téléphone ?*

**À savoir aussi :** a mobile phone
*(un téléphone portable)*

## a television / a TV

*une télévision*

They are watching television.
*Ils regardent la télévision.*

## tell

*dire / raconter*

Tell me a story.
*Raconte-moi une histoire.*

## tell off

*gronder*

Don't tell him off!
*Ne le gronde pas !*

## a tent

*une tente*

I live under a tent.
*J'habite sous une tente.*

## terrible

*horrible / épouvantable*

What a terrible meal!
*Quel repas épouvantable !*

## a test

*un test / un examen*

I passed the test.
*J'ai réussi le test.*

**Verbe :** test *(vérifier, tester)*

---

teach [tiːtʃ] • team [tiːm] • tear [tɪə] • telephone ['telɪfəʊn] • television ['telɪvɪʒən] • TV [tiːˈviː] • tell [tel] • tell off [tel ɒf] • tent [tent] • terrible ['terəbəl] • test [test]

## a text
*un texte / un SMS*

Send me a text.
*Envoie-moi un SMS.*

## a thing
*une chose / un truc*

What's this thing?
*C'est quoi, ce truc ?*

## think
*penser*

I think you're too young.
*Je pense que tu es trop jeune.*

## be thirsty
*avoir soif*

I'm thirsty.
*J'ai soif.*

## throw
*jeter / lancer*

He's throwing the ball to his dog.
*Il lance la balle à son chien.*

Opposé :
catch *(attraper)*

## a ticket
*un billet / un ticket*

One ticket, please.
*Un ticket, s'il vous plaît.*

## a timetable
*un emploi du temps*

I have a busy timetable.
*J'ai un emploi du temps chargé.*

## tired
*fatigué*

I'm so tired.
*Je suis si fatigué.*

## a tool
*un outil / un instrument*

Here are a few tools: a hammer, a saw, a file...
*Voici quelques outils : un marteau, une scie, une lime...*

## touch
*toucher*

Don't touch!
*Ne touche pas !*

text [tekst] • thing [θɪŋ] • think [θɪŋk] • thirsty ['θɜːsti] • throw [θrəʊ] • ticket ['tɪkɪt] • timetable ['taɪmteɪbəl] • tired ['taɪəd] • tool [tuːl] • touch [tʌtʃ]

## a tourist
### un touriste

He's a foreign tourist.
*C'est un touriste étranger.*

## a tower
### une tour

This is the Tower of London.
*Voici la Tour de Londres.*

## a town
### une ville

It's a small town.
*C'est une petite ville.*

→ Va voir page 87.

## a toy
### un jouet

These are my toys!
*Ce sont mes jouets !*

## the traffic
### la circulation

The traffic is heavy.
*La circulation est dense.*

À savoir aussi :
a traffic jam *(un embouteillage)*

## transport
### les transports

I use public transport.
*J'utilise les transports en commun.*

→ Va voir page 88.

## a tree
### un arbre

I like this tree.
*J'aime cet arbre.*

À savoir aussi : a Christmas tree
*(un sapin de Noël)*

## truth
### la vérité

Tell me the truth.
*Dis-moi la vérité.*

## try
### essayer

Try this computer.
*Essaie cet ordinateur.*

## turn
### tourner

Turn the page.
*Tourne la page.*

tourist ['tʊərɪst] • tower ['taʊə] • town [taʊn] • toy [tɔɪ] • traffic ['træfɪk] • transport ['trænspɔːt] • tree [triː] • truth [truːθ] • try [traɪ] • turn [tɜːn]

# a town *une ville*

department store
*grand magasin*

hospital
*hôpital*

building
*bâtiment /*
*immeuble*

theater [US]
theatre [GB]
*théâtre*

bakery
*boulangerie*

store [US]
shop [GB]
*magasin*

bank
*banque*

town hall
*mairie*

temple
*temple*

street
*rue*

church
*église*

post office
*poste*

sidewalk [US]
pavement [GB]
*trottoir*

hotel
*hôtel*

school
*école*

stadium
*stade*

avenue
*avenue*

A B C D E F G H I J K L M N O P Q R S T U V W X Y Z

avenue ['ævənjuː] • bakery ['beɪkəri] • bank ['bæŋk] • building ['bɪldɪŋ] • church [tʃɜːtʃ] • department [dɪ'pɑːtmənt] • hospital ['hɒspɪtəl] • hotel [həʊ'tel] • pavement ['peɪvmənt] • post office ['pəʊst 'ɒfɪs] • shop [ʃɒp] • sidewalk ['saɪdwɔːk] • store [stɔː] • temple ['tempəl] • town hall [taʊn hɔːl] • school [skuːl] • stadium ['steɪdɪəm] • street [striːt] • theater/theatre ['θɪətə]

87

# transport *les transports*

airport
*aéroport*

AIRPORT

plane
*avion*

helicopter
*hélicoptère*

freeway [US]
motorway [GB]
*autoroute*

train
*train*

tractor
*tracteur*

truck
*camion*

boat
*bateau*

van
*camionnette*

plane ticket
*billet d'avion*

PLANE TICKET

Bikes for rent
*Vélos à louer*

BIKES
FOR RENT

taxi
*taxi*

TAXI

GARAGE

garage
*garage*

engine
*moteur*

bicycle
*vélo*

motorbike
*moto*

BUS

driver
*conducteur*

car
*voiture*

bus
*autobus*

passenger
*passager*

BUS STOP

bus stop
*arrêt d'autobus*

airport ['eəpɔːt] • bicycle ['baɪsɪkəl] • bike [baɪk] • bus [bʌs] • bus stop ['bʌs stɒp] • car [kɑː] • driver ['draɪvə] • engine ['endʒɪn] • freeway ['friːweɪ] • garage [gə'rɑːʒ] • helicopter ['helɪkɒptə] • motorbike ['məʊtəbaɪk] • motorway ['məʊtəweɪ] • passenger ['pæsɪndʒə] • plane [pleɪn] • plane ticket [pleɪn 'tɪkɪt] • taxi ['tæksi] • tractor ['træktə] • train [treɪn] • truck [trʌk] • van [væn]

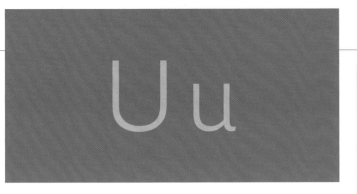

# U u

## ugly
*affreux*

You are ugly.
*Tu es affreux.*

## an umbrella
*un parapluie*

Do you like my new umbrella?
*Aimes-tu mon nouveau parapluie ?*

## understand
*comprendre*

I don't understand.
*Je ne comprends pas.*

## unfair
*injuste*

It's unfair!
*C'est injuste !*

**Opposé :** fair *(juste)*

## unhappy
*malheureux*

I'm so unhappy.
*Je suis si malheureux.*

## unpleasant
*désagréable*

There's an unpleasant smell.
*Il y a une odeur désagréable.*

## upstairs
*en haut / à l'étage*

I'm upstairs!
*Je suis en haut !*

## use
*utiliser*

Can I use your phone?
*Je peux utiliser ton téléphone ?*

## useful
*utile*

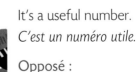

It's a useful number.
*C'est un numéro utile.*

**Opposé :**
useless *(inutile)*

ugly [ˈʌgli] • umbrella [ʌmˈbrelə] • understand [ʌndəˈstænd] • unfair [ʌnˈfeə] • unhappy [ʌnˈhæpi] • unpleasant [ʌnˈplezənt] • upstairs [ʌpˈsteəz] • use [juːz] • useful [ˈjuːsfəl]

A B C D E F G H I J K L M N O P Q R S T U V W X Y Z

# Vv

## visit
*visiter*

I visited London last year.
*J'ai visité Londres l'année dernière.*

**Nom :** a visit *(une visite)*

## a voice
*une voix*

They have nice voices.
*Ils ont de belles voix.*

# Ww

## wait (for)
*attendre*

We are waiting for the plane.
*Nous attendons l'avion.*

## wake up
*se réveiller*

I wake up at 7 every morning.
*Je me réveille à 7 heures tous les matins.*

## walk
*marcher*

He can walk!
*Il sait marcher !*

**Nom :** a walk *(une promenade)*

## want
*vouloir*

What do you want?
*Qu'est-ce que tu veux ?*

---

visit ['vɪzɪt] • voice [vɔɪs] • wait [weɪt] • wake up [weɪk ʌp] • walk [wɔːk] • want [wɒnt]

## a war
*une guerre*

They are at war.
*Ils sont en guerre.*

## wash
*laver*

Wash your hands! *Lave-toi les mains !*

À savoir aussi : a washing machine
*(une machine à laver)*

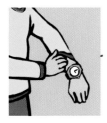
## a watch (pluriel : watches)
*une montre*

I have a new watch.
*J'ai une nouvelle montre.*

## watch
*regarder / observer*

He's watching the landscape through the window.
*Il regarde le paysage à travers le hublot.*

## water
*l'eau*

This is pure water.
*C'est de l'eau pure.*

À savoir aussi : a tap *(un robinet)*

## a way
*une façon / une manière*

I do it this way.
*Je le fais de cette façon.*

## wear
*porter (des vêtements)*

I never wear trousers.
*Je ne porte jamais de pantalon.*

→ Va voir le mot clothes.

## the weather
*le temps (qu'il fait)*

Nice weather, isn't it?
*Beau temps, n'est-ce pas ?*

→ Va voir page 13 (la météo).

## a wedding
*un mariage*

This is a picture of our wedding.
*Voici une photo de notre mariage.*

## wet
*mouillé / humide*

I'm wet! *Je suis mouillée !*

Opposé : dry *(sec)*

war [wɔː] • wash [wɒʃ] • watch [wɒtʃ] • watches ['wɒtʃɪz] • water ['ɔːtə] • way [weɪ] • wear [weə] • weather ['weðə] • wedding ['wedɪŋ] • wet [wet]

# wild

## wild

*sauvage*

Look! A wild beast.
*Regardez ! Une bête sauvage.*

## win

*gagner*

I always win!
*Je gagne toujours !*

## the wind

*le vent*

The wind is blowing.
*Le vent souffle.*

## wine

*le vin*

More wine?
*Plus de vin ?*

À savoir aussi :
a bottle of wine (*une bouteille de vin*)
a glass of wine (*un verre de vin*)

## a wing

*une aile*

Come under my wing.
*Viens sous mon aile.*

## a winner

*un gagnant*

The winner is the rabbit!
*Le gagnant est le lapin !*

## wish

*souhaiter*

I wish to be like you.
*Je souhaite être comme toi.*

## a woman (pluriel : women)

*une femme*

You're a great woman!
*Tu es une femme formidable !*

## wonderful

*merveilleux*

That's wonderful.
*C'est merveilleux.*

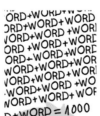

## a word

*un mot*

I know a thousand words!
*Je connais mille mots !*

À savoir aussi :
a dictionary (*un dictionnaire*)

---

wild [waɪld] • win [wɪn] • wind [wɪnd] • wine [waɪn] • wing [wɪŋ] • winner ['wɪnə] • wish [wɪʃ] • woman ['wʊmən] • women ['wɪmɪn] • wonderful ['wʌndəfəl] • word [wɜːd]

## work
### *travailler*

I work every day.
*Je travaille tous les jours.*

## the world
### *le monde*

It's a small world.
*C'est un petit monde.*

## worry
### *s'inquiéter*

Don't worry, I'll repair it.
*Ne t'inquiète pas, je vais le réparer.*

## write
### *écrire*

I often write to my grandparents.
*J'écris souvent à mes grands-parents.*

## wrong
### *faux / mauvais*

It's a wrong number.
*C'est un faux numéro.*

**Opposé :** right *(juste, exact)*

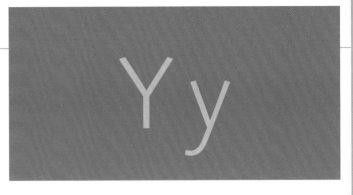

# Y y

## a year
### *une année*

A year has twelve months.
*Une année a douze mois.*

→ Va voir le mot month.

## young
### *jeune*

You're still young.
*Tu es encore jeune.*

# Z z

## a zoo
### *un zoo*

Let's go to the zoo.
*Allons au zoo.*

---

work [wɜːk] • world [wɜːld] • worry ['wʌri] • write [raɪt] • wrong [rɒŋ] • year [jɪə] • young [jʌŋ] • zoo [zuː]

# Liste de petits mots très utiles

## A

a : *un, une* → Grammaire page 114

abroad : *à l'étranger*

across : *de l'autre côté de*

after : *après*

again : *à nouveau*

ago : *il y a* (three days ago : *il y a trois jours*)

all : *tout*

almost : *presque*

always : *toujours*

and : *et*

around : *autour de*

at : *à*

## B

back : *idée de retour* (Come back! *Reviens !*)

be : *être* → Grammaire page 102

because : *parce que*

before : *avant*

behind : *derrière*

but : *mais*

## C

can : *pouvoir* → Grammaire page 110

## D

down : *en bas, vers le bas*

## E

each : *chaque*

enough : *assez*

even : *même*

every : *chaque*

everywhere : *partout*

## F

first : *premier*

for : *pour*

from : *de, à partir de*

## H

here : *ici*

how? : *comment ?*

## I

if : *si*

in : *dans*

in front of : *devant*

inside : *à l'intérieur*

into : *dans (direction)*

## L

last : *dernier*

later : *plus tard*

left : *gauche*

less : *moins*

like : *comme*

a little + nom : *un peu de* + nom

a little bit : *un petit peu*

a lot of : *beaucoup de*

## M

many + nom pluriel : *beaucoup de*
(many people : *beaucoup de gens*)

maybe : *peut-être*

in the middle : *au milieu*

more : *plus*

much + nom singulier : *beaucoup de*
(much money : *beaucoup d'argent*)

## N

nearly : *presque*
never : *jamais*
no : *non*
no, thanks : *non, merci*
not : *ne... pas* → Grammaire page 100
nothing : *rien*
now : *maintenant*
nowhere : *nulle part*

## O

often : *souvent*
OK / Okay : *OK, d'accord*
on : *sur*
on / off : *allumé / éteint*
only : *seulement*
or : *ou*
other : *autre*
out : *dehors*
outside : *à l'extérieur*
over : *par-dessus / terminé*

## P

perhaps : *peut-être*

## R

right : *droite*

## S

second : *deuxième, second*
several : *plusieurs*
sh, shh : *chut*
something : *quelque chose*
sometimes : *parfois*
soon : *bientôt*
still : *encore*

## T

that : *que (I think that... / Je pense que...)*
then : *ensuite / donc*
there : *là-bas*
third : *troisième*
through : *à travers*
to : *vers, à*
today : *aujourd'hui*
together : *ensemble*
tomorrow : *demain*
tonight : *ce soir*
too : *trop*
too : *aussi*
true : *vrai*

## U

under : *sous*
up : *en haut, vers le haut*
usually : *d'habitude*

## V

very : *très*

## W

well : *bien*
when? : *quand ?*
where? : *où ?*
who? : *qui ?*
why? : *pourquoi ?*
with : *avec*
without : *sans*

## Y

yes : *oui*
yes, thank you : *oui, merci*
yesterday : *hier*

# Grammaire Conjugaison

# Les pronoms personnels

★ Voici les pronoms personnels en anglais.

| | |
|---|---|
| I | *je* |
| you | *tu* |
| he | *il* |
| she | *elle* |
| it | *il, elle (pour un objet)* |
| we | *nous* |
| you | *vous* |
| they | *ils, elles* |

**❗ ATTENTION**

*I s'écrit toujours avec une majuscule et se prononce [aɪ] (comme dans le mot « ail » en français).*

★ You peut vouloir dire tu ou vous.
On l'emploie aussi pour le vous de politesse.

He renvoie toujours à un garçon ou un homme.

She renvoie toujours à une fille ou une femme.

It renvoie à un objet ou à un animal.

They peut vouloir dire ils ou elles.

## ●●● mémo

### Les pronoms personnels COD

| me | *me* | They see me. | *Ils me voient.* |
|---|---|---|---|
| you | *te* | I love you. | *Je t'aime.* |
| him | *le* | They push him. | *Ils le poussent.* |
| her | *la* | They push her. | *Ils la poussent.* |
| it | *le, la (un objet)* | I want it. | *Je le veux.* |
| us | *nous* | They punish us. | *Ils nous punissent.* |
| you | *vous* | I love you. | *Je vous aime.* |
| them | *les* | I break them. | *Je les casse.* |

J'aime le chocolat.

Il préfère les bonbons.

Nous jouons tous au tennis.

Tu es mon ami.

Vous êtes mes cousins.

Il est grand. Elle est grande aussi.

Elle est bleue !

# Le présent simple

The queen loves horses.
*La reine adore les chevaux.*

They like cheese.
*Elles aiment le fromage.*

*Nous allons à l'école tous les jours.*

★ Voici le présent du verbe like (aimer)

| | |
|---|---|
| I like tea. | *J'aime le thé.* |
| You like tea. | *Tu aimes le thé.* |
| He / She / It likes tea. | *Il / Elle aime le thé.* |
| We like tea. | *Nous aimons le thé.* |
| You like tea. | *Vous aimez le thé.* |
| They like tea. | *Ils / Elles aiment le thé.* |

On utilise le présent simple dans deux cas :
→ pour parler des goûts et des sentiments.
→ pour parler des habitudes, des généralités.

**! ATTENTION**
*À la 3ᵉ personne du singulier, on ajoute un -s.*

**))) PRONONCIATION**
*Le -s qu'on ajoute au verbe, à la 3ᵉ personne du singulier, se prononce :*

- *[s] après [p], [t], [k], [f].*
- *[z] dans les autres cas.*

★ Parfois le -s de la 3ᵉ personne du singulier est précédé d'un -e :

| | |
|---|---|
| He goes | *(go = aller)* |
| He washes | *(wash = laver)* |
| He does | *(do = faire)* |

● ● ● mémo

À la 3ᵉ personne du singulier,
on ajoute un -s au verbe.

# Le présent simple à la forme négative

★ **À la forme négative,
on utilise** do not **devant le verbe.**

I do not **like tea.** *Je n'aime pas le thé.*

do   not + verbe

Très souvent, do not s'écrit don't.
C'est la forme contractée.

🔊 PRONONCIATION
*do not se prononce* [duː nɒt]
*don't se prononce* [dəʊnt]

★ **À la 3ᵉ personne du singulier,
on utilise** does not.

Très souvent, does not s'écrit doesn't.
C'est la forme contractée.

🔊 PRONONCIATION
*does se prononce* [dʌz]

❗ ATTENTION
*À la forme négative, le verbe be se conjugue sans do.*

→ Va voir page 102.

Je ne veux pas cette pomme.

Nous ne vous aimons pas.

Mon chat ne boit pas de lait.

Je ne suis pas un bébé.

| retiens bien ! | ••• mémo | Formes contractées |
|---|---|---|
| À la forme négative, tu utilises do not (ou don't) devant le verbe. | I do not like tea. *Je n'aime pas le thé.*<br>You do not like tea.<br>He / She / It does not like tea.<br>We do not like tea.<br>You do not like tea.<br>They do not like tea. | I don't like tea.<br>You don't like tea.<br>He / She / It doesn't like tea.<br>We don't like tea.<br>You don't like tea.<br>They don't like tea. |

# Le présent simple à la forme interrogative

*Parlez-vous français ?*

*Aimes-tu le tennis ?*

*Est-ce qu'elle te connaît ?*

*Es-tu américain ?*

★ Pour poser une question, on utilise le petit mot do au tout début de la question. Après, on trouve le sujet puis le verbe.

Do they speak English?

do   sujet   verbe

*Est-ce qu'ils parlent anglais ?*

❗ ATTENTION

*Il ne faut pas oublier le point d'interrogation à la fin de la question !*

★ À la 3e personne du singulier, on utilise does.

Does he play football?

*Est-ce qu'il joue au football ?*

🔊 PRONONCIATION

*do se prononce* [duː]
*does se prononce* [dʌz]

❗ ATTENTION

*On n'utilise pas do avec le verbe be.*

➔ Va voir page 102.

••• mémo

Pour poser une question, il faut penser à do !

Do I like it? *Est-ce que je l'aime ?*
Do you like it?
Does he / she / it like it?
Do we like it?
Do you like it?
Do they like it?

# Le verbe être : be

★ Voici la conjugaison du verbe be.

| I am | je suis |
|------|---------|
| you are | tu es |
| he / she / it is | il / elle est |
| we are | nous sommes |
| you are | vous êtes |
| they are | ils / elles sont |

★ À la forme négative, on ajoute simplement not après le verbe be.

They are not here. *Ils ne sont pas ici.*

★ Pour poser une question, on inverse le sujet et le verbe.

Are you glad? *Es-tu content ?*

❗ ATTENTION
*Parfois, on utilise be, là où en français, on emploie avoir + nom.*
I am hungry. *J'ai faim.*
The cat is thirsty. *Le chat a soif.*
We are right. *Nous avons raison.*

★ Il y a se dit :
there is + *nom au singulier*
there are + *nom au pluriel*

I am Canadian.

*Je suis canadien.*

You are very elegant.

*Tu es très élégant.*

John is my brother.

*John est mon frère.*

I am not tired.

*Je ne suis pas fatigué.*

There is a cat under the car.

*Il y a un chat sous la voiture.*

Are you American?

*Es-tu américain ?*

There are sweets on the table.

*Il y a des bonbons sur la table.*

# Le verbe avoir : have

I have a brother, a sister and a cat.

*J'ai un frère, une sœur et un chat.*

My sister has a new car.

*Ma sœur a une nouvelle voiture.*

I don't have a car.

*Je n'ai pas de voiture.*

Does she have enough money?

*A-t-elle assez d'argent ?*

★ Voici la conjugaison du verbe have.

| I have | j'ai |
|---|---|
| you have | tu as |
| he / she / it has | il / elle a |
| we have | nous avons |
| you have | vous avez |
| they have | ils / elles ont |

C'est simple ! On utilise have sauf à la 3e personne du singulier.

★ À la forme négative, on emploie do not devant have.

Do not est souvent contracté en don't.

À la 3e personne du singulier, on trouve does not.

Does not est souvent contracté en doesn't.

★ Pour poser une question, on utilise do + sujet + have.

Do we have time? *A-t-on le temps ?*
do + sujet + have

On emploie does à la 3e personne du singulier.

## ••• mémo

**La forme négative**

I do not have...
You do not have...
He / She / It does not have...
We do not have...
You do not have...
They do not have...

! ATTENTION *On emploie have à toutes les personnes !*

**Forme négative contractée**

I don't have...
You don't have...
He / She / It doesn't have...
We don't have...
You don't have...
They don't have...

**La forme interrogative**

Do I have a little brother?
Do you have a little brother?
Does he / she / it have a little brother?
Do we have a little brother?
Do you have a little brother?
Do they have a little brother?

! ATTENTION *On emploie have à toutes les personnes !*

# Les mots interrogatifs

★ **Voici les pronoms interrogatifs :**

| | |
|---|---|
| Who? | *Qui ?* |
| What? | *Que ?* |
| Where? | *Où ?* |
| When? | *Quand ?* |
| Why? | *Pourquoi ?* |
| How? | *Comment ?* |

Les mots interrogatifs commencent par les lettres wh-, sauf how.

❗ **ATTENTION**
*Quand what est suivi d'un nom,
il signifie quel(s) / quelle(s).*
What time is it? *Quelle heure est-il ?*

★ **Comment poser une question ?**

➡ Avec le verbe be :

Where  are  you? *Où es-tu ?*
　Mot  +  be  +  sujet
interrogatif

➡ Avec un autre verbe,
il faut employer do après le mot interrogatif :

What  do  you  want? *Que veux-tu ?*
What  + do  + sujet  + verbe

🔊 **PRONONCIATION**
*Les deux lettres wh se prononcent* [w].
*Il y a une exception : wh se prononce* [h] *dans who.*

★ **Pour demander à quelqu'un
comment il va, on dit** How are you?
*Comment vas-tu ?*

*C'est quand ton anniversaire, maman ?　　　C'est aujourd'hui !*

*Où habites-tu ?*

*Alors, comment ça va aujourd'hui ?*

# Le présent en be + ing

Look, the lion is watching us!

*Regardez, le lion nous observe !*

It is snowing.
*Il neige (en ce moment).*

The sun is shining.
*Le soleil brille (en ce moment).*

★ Il existe une seconde forme du présent, un présent composé ; il permet de dire qu'une action a lieu au moment où l'on parle. C'est la forme be + ing :

John **is** work**ing**. *John travaille (en ce moment).*
       be +     ing

Il faut penser à deux choses :
→ conjuguer le verbe be : am, are ou is.
→ ajouter ing au verbe principal :
work devient working.

## ••• mémo

| | |
|---|---|
| I am working. | *Je travaille (en ce moment).* |
| You are singing. | *Tu chantes (en ce moment).* |
| He / She is dancing. | *Il /Elle danse (en ce moment).* |
| It is raining. | *Il pleut (en ce moment).* |
| We are listening. | *Nous écoutons (en ce moment).* |
| You are talking. | *Vous parlez (en ce moment).* |
| They are watching TV. | *Ils /Elles regardent la télévision (en ce moment).* |

Formes contractées

I'm working.
You're singing.
He's / She's / It's dancing.
It's raining.
We're listening.
You're talking.
They're watching TV.

# Le prétérit (le passé)

★ Le prétérit est le temps du passé. Il permet de raconter quelque chose de terminé.

Pour le construire, on ajoute -ed aux verbes réguliers.

I want a big ice cream. (présent)
*Je veux une grosse glace.*

I wanted a big ice cream. (prétérit)
*Je voulais une grosse glace.*

En français, pour parler du passé, on emploie le passé composé ou l'imparfait.

★ On trouve la même forme à toutes les personnes. C'est facile !

Verbe talk (parler).
| | |
|---|---|
| I | talked. |
| You | talked. |
| He / She / It | talked. |
| We | talked. |
| You | talked. |
| They | talked. |

★ À la forme négative, on emploie did not devant le verbe, à toutes les personnes.

| | |
|---|---|
| I | did not want. |
| You | did not want. |
| He / She / It | did not want. |
| We | did not want. |
| You | did not want. |
| They | did not want. |

❗ ATTENTION
*did not est souvent contracté en didn't.*

★ Pour poser une question, on utilise did devant le sujet.

Did they call the doctor? *Ont-ils appelé le docteur ?*
did + sujet

We played tennis yesterday.

*Nous avons joué au tennis hier.*

I talked to the queen this morning.

*J'ai parlé à la reine ce matin.*

I didn't enjoy the food in that restaurant.

*Je n'ai pas apprécié la nourriture dans ce restaurant.*

Did you like the film?

CINEMA

I loved it.

*As-tu aimé le film ?*
*J'ai adoré.*

❗ ATTENTION   *Certains verbes ne sont pas réguliers. Ils ne forment pas leur passé à l'aide de -ed. Va voir les verbes irréguliers sur la page suivante.*

# Le prétérit des verbes irréguliers

Certains verbes ne forment pas leur prétérit en ajoutant -ed. On dit qu'ils sont irréguliers.

★ Voici la conjugaison des verbes be (être) et have (avoir) au prétérit.

| | | | |
|---|---|---|---|
| I was | J'étais | I had | J'avais |
| You were | Tu étais | You had | Tu avais |
| He / She / It was | Il / Elle était | He / She / It had | Il / Elle avait |
| We were | Nous étions | We had | Nous avions |
| You were | Vous étiez | You had | Vous aviez |
| They were | Ils / Elles étaient | They had | Ils / Elles avaient |

Le verbe be a deux formes au prétérit : was et were. Tous les autres verbes n'ont qu'une seule forme au prétérit.

★ Voici le prétérit de verbes irréguliers importants.

| infinitif | prétérit (« passé ») | | infinitif | prétérit (« passé ») | |
|---|---|---|---|---|---|
| bring | brought [brɔːt] | apporter | make | made | faire, fabriquer |
| buy | bought [ɔː] | acheter | pay | paid | payer |
| can | could | pouvoir | put | put | mettre, poser |
| come | came [eɪ] | venir | read [iː] | read [e] | lire |
| do | did | faire | say [eɪ] | said [sed] | dire |
| drink | drank | boire | see | saw | voir |
| eat [iː] | ate [eɪ] | manger | sell | sold | vendre |
| feel [iː] | felt [e] | sentir, éprouver | send | sent | envoyer |
| find [aɪ] | found [aʊ] | trouver | shut | shut | fermer |
| forget | forgot | oublier | sing | sang | chanter |
| get | got | obtenir | sit | sat | être assis |
| give | gave [eɪ] | donner | sleep [iː] | slept [e] | dormir |
| go | went | aller, partir | speak | spoke [əʊ] | parler |
| hear [ɪə] | heard [ɜː] | entendre | stand | stood | être debout |
| keep [iː] | kept [e] | garder | take | took | prendre |
| know [nəʊ] | knew [njuː] | savoir | think | thought [ɔː] | penser |
| let | let | laisser | win | won [ʌ] | gagner |
| lose [uː] | lost [ɒ] | perdre | write [aɪ] | wrote [əʊ] | écrire |

À la forme négative, on ajoute did not devant l'infinitif : I did not write that letter. *Je n'ai pas écrit cette lettre.*

Pour poser une question, on utilise did devant le sujet : Did you buy your ticket? *As-tu acheté ton billet ?*

🛇 ATTENTION  *À la forme négative, avec le verbe be on ajoute directement not après le verbe : I was not here.* Je n'étais pas là. → Va voir page 102.

*Pour poser une question avec be, on utilise directement ce verbe suivi du sujet : Were you at home yesterday? Étais-tu à la maison hier ?*

# Le futur

★ Pour parler du futur,
on emploie le mot will.
On le place juste après le sujet.

I   will   write tomorrow. *J'écrirai demain.*

sujet + will + verbe

On utilise le même petit mot, will,
à toutes les personnes.
C'est bien plus simple que le futur français !

**❗ATTENTION**

*Will ne change jamais ! On ne lui ajoute jamais
de -s à la 3e personne du singulier.*

★ Après les pronoms personnels,
will est souvent contracté en 'll.

I'll / you'll / he'll / she'll / it'll / we'll / you'll / they'll

★ À la forme négative, on emploie will not.

will not est parfois contracté en won't.

★ Pour poser une question,
on inverse le sujet et will.

Will you be in London next week?

will   sujet

*Seras-tu à Londres la semaine prochaine ?*

● ● ● **mémo**

I will start tomorrow. *Je commencerai demain.*
You will dance tomorrow. *Tu danseras demain.*
He / She / It will sing tomorrow. *Il / Elle chantera
demain.*
We will leave tomorrow. *Nous partirons demain.*
You will play tomorrow. *Vous jouerez demain.*
They will move tomorrow. *Ils / Elles déménageront
demain.*

*Nous gagnerons demain.*

*J'arriverai en retard.*

*Un jour, je serai très riche.*

*Je n'irai pas à l'école demain.*

*Est-ce que ton frère viendra aussi ?*

# L'impératif (donner un ordre)

Listen, John!

*Écoute, John !*

Listen, John and Lisa!

*Écoutez, John et Lisa !*

Don't cry!

*Ne pleurez pas !*

Don't cry!

*Ne pleure pas !*

Let's sing now!

*Chantons, maintenant !*

★ Pour donner un ordre à quelqu'un, on utilise simplement le verbe tout seul.

Listen! *Écoute !*

Listen! peut s'adresser à une seule personne ou à plusieurs.

★ À la forme négative, on ajoute Don't devant le verbe.

★ À la 1$^{re}$ personne du pluriel, on ajoute Let's devant le verbe.

★ L'impératif s'emploie aussi pour exprimer une suggestion.

Come tomorrow if you want.
*Viens demain si tu veux.*

**••• mémo**

Ordre donné à quelqu'un

Listen! *Écoute ! / Écoutez !*
Do it! *Fais-le ! / Faites-le !*

Ordre négatif

Don't listen! *N'écoute pas ! / N'écoutez pas !*
Don't do it! *Ne le fais pas ! / Ne le faites pas !*

Ordre à la 1$^{ère}$ personne du pluriel

Let's listen! *Écoutons !*
Let's do it! *Faisons-le !*

# Les verbes can et must

★ **Can** est très proche du verbe pouvoir. **Can** peut aussi exprimer un savoir.

**Must** est très proche du verbe devoir.

**⚠ ATTENTION**
*Can et must sont deux verbes un peu particuliers. Ils ne prennent pas de -s à la 3e personne du singulier.*

À la forme négative, on ajoute not directement après **can** et **must**.

Can + not s'écrit en un seul mot : **cannot**.

★ On utilise très souvent les formes contractées.

cannot → can't
must not → mustn't

**◗)) PRONONCIATION**
*Dans mustn't, on ne prononce pas le premier t.*

★ Pour poser une question avec **can**, on inverse le sujet et le verbe.

On ne pose pas, normalement, de question avec **must**.

Tu peux partir maintenant.

Je sais conduire !

Je dois partir maintenant.

Je ne peux pas jouer au foot.

Tu ne dois pas regarder la télé.

Est-ce que je peux sortir, maman ?

●●● **mémo** : can

| | | |
|---|---|---|
| I | can. | Je peux. |
| You | can. | Tu peux. |
| He / She / It | can. | Il / Elle peut. |
| We | can. | Nous pouvons. |
| You | can. | Vous pouvez. |
| They | can. | Ils / Elles peuvent. |
| I | cannot / can't. | Je ne peux pas. |
| You | cannot / can't. | Tu ne peux pas. |
| He / She / It | cannot / can't. | Il / Elle ne peut pas. |
| We | cannot / can't. | Nous ne pouvons pas. |
| You | cannot / can't. | Vous ne pouvez pas. |
| They | cannot / can't. | Ils / Elles ne peuvent pas. |

must

| | | |
|---|---|---|
| I | must. | Je dois. |
| You | must. | Tu dois. |
| He / She / It | must. | Il / Elle doit. |
| We | must. | Nous devons. |
| You | must. | Vous devez. |
| They | must. | Ils / Elles doivent. |
| I | must not / mustn't. | Je ne dois pas. |
| You | must not / mustn't. | Tu ne dois pas. |
| He / She / It | must not / mustn't. | Il / Elle ne doit pas. |
| We | must not / mustn't. | Nous ne devons pas. |
| You | must not / mustn't. | Vous ne devez pas. |
| They | must not / mustn't. | Ils / Elles ne doivent pas. |

# Quand deux verbes se suivent

They refuse to obey.

*Ils refusent d'obéir.*

I like singing
and I love dancing.

I enjoy
swimming.

Stop lying!

*J'aime chanter
et j'adore danser.*

*J'aime bien nager.*

*Arrête de mentir !*

You must go.

We can dance.

*Tu dois partir.*

*Nous pouvons danser.*

---

★ Quand deux verbes se suivent,
on met souvent **to** entre les deux.

I want **to** go. *Je veux partir.*

verbe + to + verbe

**PRONONCIATION**

*Le o de to se prononce presque comme le* **ou** *de* **tout**.

★ Certains verbes ne sont pas suivis de **to**
mais directement d'un autre verbe,
auquel on ajoute **-ing**.

I like **singing**. *J'aime chanter.*

verbe + verbe

Le second verbe, sing, se transforme
en singing.

Autres verbes suivis d'un verbe en **-ing** :
**avoid.** *éviter de*
**enjoy.** *apprécier / bien aimer*
**finish.** *finir*
**keep on.** *continuer à*
**love.** *aimer / adorer*
**stop.** *arrêter*

**ATTENTION**

*Les verbes* **can** *et* **must** *ne sont jamais suivis de* **to**.
*Le second verbe est alors à l'infinitif.*

You must **read**. Tu dois lire.
We can **leave**. Nous pouvons partir.

# Les déterminants possessifs (mon, ton, son...)

★ Voici les déterminants possessifs.

| | | |
|---|---|---|
| my | brother | *mon frère* |
| your | brother | *ton frère* |
| his / her | brother | *son frère* |
| our | brother | *notre frère* |
| your | brother | *votre frère* |
| their | brother | *leur frère* |

★ Que ce soit pour un objet féminin ou masculin, singulier ou pluriel, on utilise toujours le même mot : my, your, our, their !

**❗ ATTENTION**

*À la 3e personne du singulier, il faut tenir compte de la personne qui possède.*

S'il s'agit d'un garçon ou d'un homme, on emploie his.

S'il s'agit d'une fille ou d'une femme, on emploie her.

This is my house. My parents are in the kitchen.

*C'est ma maison. Mes parents sont dans la cuisine.*

My sister. My brother. My parents.

*Ma sœur. Mon frère. Mes parents.*

Your pen, your ruler, your books.

*Ton stylo, ta règle, tes livres.*

Our dog, our bedroom, our toys.

*Notre chien, notre chambre, nos jouets.*

Their house, their garden, their bicycles.

*Leur maison, leur jardin, leurs bicyclettes.*

His shoes, his sweater, his cap.

*Ses chaussures, son pull, sa casquette.*

Her shoes, her dress, her hat.

*Ses chaussures, sa robe, son chapeau.*

# Le pluriel des noms

*Nous sommes deux chats.*

*J'ai trois enfants.*

*J'ai une dent.*

*J'ai deux dents.*

*Je veux deux verres, s'il vous plaît.*

*Nous sommes cinq chats. Et nous sommes deux grands chiens.*

★ Pour former le pluriel, on ajoute un -s au nom, comme en français !

One cat. Two cats.
*Un chat. Deux chats.*

La grosse différence entre le français et l'anglais, c'est que le -s se prononce toujours en anglais !

★ Quelques noms ont un pluriel particulier.

| singulier | pluriel | |
|---|---|---|
| man | men | *homme (s)* |
| woman | women | *femme (s)* |
| child | children | *enfant (s)* |
| foot | feet | *pied (s)* |
| tooth | teeth | *dent (s)* |

★ Quand un nom se termine déjà par -s, on ajoute -es au pluriel.

One glass.  *Un verre.*
Two glasses.  *Deux verres.*

◀)) PRONONCIATION
*Le -s du pluriel se prononce [s] après [p], [t], [k], [f].*
*Dans les autres cas, il se prononce [z].*
*Le pluriel en -es se prononce [ɪz].*

# Les déterminants indéfinis

★ L'équivalent de un, une en anglais est a.

**a** brother. *un frère*
**a** sister. *une sœur*

🔊 PRONONCIATION
*L'article a se prononce [ə] c'est-à-dire comme le e court dans petit.*

★ **a** devient **an** devant une voyelle.

**an** apple. *une pomme*
**an** orange. *une orange*

❗ ATTENTION
*Devant les noms de métier, on met un article.*
She is *a* doctor.
*Elle est médecin. (pas d'article en français)*

★ Au pluriel

La plupart du temps, on utilise some qui se traduit par des (ou par quelques).

I want to invite some friends.
*Je veux inviter des/quelques amis.*

You have a brother.

*Tu as un frère.*

My neighbour has a new car.

*Mon voisin a une nouvelle voiture.*

My sister wants a banana. I want an orange.

*Ma sœur veut une banane. Je veux une orange.*

I'm a doctor. I'm not a vet.

*Je suis médecin. Je ne suis pas vétérinaire.*

I need some apples.

*J'ai besoin de (quelques) pommes.*

# Le déterminant défini

Je préfère
le gâteau jaune !

Regarde la lune !

The two cars
were new!

Les deux voitures
étaient neuves !

Les livres ne sont pas chers.

J'adore le miel.

Où est la Suisse ?
Où est le Québec ?

Où est l'Espagne ?
Où est la Belgique ?

★ L'équivalent de le, la, les est the.

On a donc **un seul mot en anglais** et trois mots différents en français !

**◀)) PRONONCIATION**

*Attention à bien sortir la langue pour prononcer th dans the !*
*Le e de the se prononce très rapidement comme le e court dans petit.*

**❶ ATTENTION**

*Pour parler des objets en général, on ne met pas de déterminant.*

*Milk is white. Le lait est blanc. (déterminant en français)*
*Books are expensive. Les livres sont chers.*
*(déterminant en français)*

★ **On n'emploie pas the devant les noms de pays.**

*France and England are two European countries.*
*La France et l'Angleterre sont deux pays européens.*

115

# La marque du possessif (le génitif)

★ Pour marquer la possession, on nomme d'abord la personne qui possède et ensuite l'objet possédé.

Et on relie les deux à l'aide d'un 's.

**Paula 's book.** *Le livre de Paula.*

Personne + 's + objet possédé

La marque 's s'appelle le génitif.

❗ ATTENTION
*Il ne faut pas oublier l'apostrophe devant le s.*

★ Quand un nom est au pluriel, on lui ajoute simplement une apostrophe.

**My cousins' parents.** *Les parents de mes cousins.*

★ Le premier nom est souvent un nom de personne, mais il peut aussi être un nom d'animal, de ville ou de pays.

**England's history.** *L'histoire de l'Angleterre.*

C'est la voiture de Jimmy.

La maison de mes parents est vieille.

Voici le vétérinaire de mon chien.

● ● ● mémo

# Les démonstratifs

*Aimes-tu cette chemise ?*

*Elle est jolie cette chemise !*

*J'aime cette bande dessinée.*

*Regarde ces étoiles !*

*Je te présente Sally.*

★ Pour montrer quelque chose, on emploie soit this, soit that.

→ si on montre quelque chose près de soi, on préfère this (ici) ;

→ si on montre quelque chose plus éloigné, on préfère that (là).

★ Au pluriel :

this → these
that → those

★ Pour présenter quelqu'un, on emploie this.

**This is Sally.** *Je te présente Sally.*

🔊 PRONONCIATION
*Attention à bien prononcer th- : la langue entre les dents !*
*this* [ɪs]
*these* [iːz]
*that* [æt]
*those* [əʊz]

# Some et any

★ Some **signifie** du, de la, des.

On l'emploie dans les phrases affirmatives.

**I'd like some sweets.** *J'aimerais des bonbons.*

★ Any **signifie** pas de dans les phrases négatives.

**I don't have any money.** *Je n'ai pas d'argent.*

★ Dans une phrase interrogative, on emploie some ou any :

→ J'emploie some si je pense que l'on va me répondre par l'affirmative (yes!)

→ J'emploie any si je ne sais pas quelle va être la réponse.

*Il y a du café sur la table.*     *Je ne veux pas de café.*

*Veux-tu de la viande ?*

*As-tu de l'argent ?*

# Les adjectifs

*La pomme rouge est pour moi. La pomme verte est pour toi, d'accord ?*

*Regarde mon beau manteau rouge !*   *Ces maisons sont si grandes !*

*Nous avons acheté une grande voiture allemande noire pour Duke.*

★ L'adjectif se place toujours avant le nom qu'il qualifie.

I want a red ball. *Je veux une balle rouge.*

    adjectif nom                 nom   adjectif

★ Au pluriel, l'adjectif est invariable : il ne prend jamais de -s !

These cakes are good. *Ces gâteaux sont bons.*

★ Si deux adjectifs se suivent, on place l'adjectif de couleur en deuxième position.

I have a large  black  hat.

        adj.1  adj couleur  nom

*J'ai un grand chapeau noir.*

★ Un adjectif de nationalité se place toujours juste avant le nom.

They have a nice red  French  sofa.

            adj.  nationalité  nom

*Ils ont un beau canapé français rouge.*

# Les comparatifs

★ Voici plusieurs façons de comparer :

as ... as ... = aussi ... que ...

**I am as tall as you.** *Je suis aussi grand que toi.*

more ... than ... = plus ... que ...

**She is more intelligent than you.**
*Elle est plus intelligente que toi.*

**❗ATTENTION**
*Quand un adjectif n'a qu'une syllabe,
on ajoute -er à cet adjectif.*

**She is taller than you.** *Elle est plus grande que toi.*

★ Les comparatifs de good et de bad
sont irréguliers.

| | |
|---|---|
| **good / well** | **better** |
| *bon / bien* | *meilleur / mieux* |
| **bad** | **worse** |
| *mauvais / mal* | *plus mal / pire* |

Luke is as strong as Paul.

*Luke est aussi fort que Paul.*

I'm more intelligent than you.

*Je suis plus intelligent que toi.*

Spain is warmer than Scotland.

*L'Espagne est plus chaude que l'Écosse.*

I'm stronger than you.

*Je suis plus fort que toi.*

Take this book. It's better than that one.

*Prenez ce livre. Il est meilleur que celui-là.*

# Les superlatifs

*Pour moi,*
*c'est le plus beau tableau.*

*C'est le bâtiment le plus haut*
*du monde.*

*Tu es la meilleure !*

*C'est mon pire voyage.*

★ Le superlatif se forme à l'aide de **the most** (le plus).

**the most intelligent.** *le plus intelligent*

★ Quand l'adjectif n'a qu'une seule syllabe, on lui ajoute **-est** !

**the sweetest cake** (sweet = sucré)
*le gâteau le plus sucré*

❗ ATTENTION
*On n'utilise pas most dans ce cas !*
*On emploie -est à la place.*

★ Le meilleur se dit **the best**.

**I'm the best.** *Je suis le meilleur.*

| good | better | the best |
|------|--------|----------|
| *bon* | *meilleur* | *le meilleur* |

★ Le pire se dit **the worst**.

| bad | worse | the worst |
|-----|-------|-----------|
| *mauvais* | *pire* | *le pire* |

● ● ● **mémo**

| adjectif d'une syllabe | comparatif | superlatif |
|------|--------|----------|
| **tall** | **tall**er | the **tall**est |
| *grand* | *plus grand* | *le plus grand* |

| adjectif de plus d'une syllabe | comparatif | superlatif |
|------|--------|----------|
| **boring** | more **boring** | the most **boring** |
| *ennuyeux* | *plus ennuyeux* | *le plus ennuyeux* |

# Index français / anglais

# Index anglais / français

Création de la maquette intérieure et réalisation : **Guylaine Moi**
Illustrations de couverture et entrées de chapitres : **Sébastien Chebret**

© Hatier, Paris, mai 2007. ISBN : 978-2-218-92370-8
Tous droits de reproduction et d'adaptation réservés pour tous pays.
Loi n° 49956 du 16 juillet 1949 sur les publications destinées à la jeunesse.

Imprimé en France par Loire offset Titoulet à Saint-Etienne
dépôt légal : 92370 - 8/05 - octobre 2009